U0474663

建党百年献礼——西南大学经济管理学院“双一流”建设学术专著

西南大学中央高校基本科研业务费专项资金资助（SWU1709208）
重庆市社会科学规划一般项目资助（2018YBGL074）
西南大学经济管理学院“百年梦·学科建设”专项出版项目

绿色发展导向下重庆农户耕地生态保护补贴激励机制研究

孙顺强　著

西南大学出版社
国家一级出版社　全国百佳图书出版单位

图书在版编目(CIP)数据

绿色发展导向下重庆农户耕地生态保护补贴激励机制研究 / 孙顺强著. -- 重庆 : 西南大学出版社, 2023.12
ISBN 978-7-5697-1826-3

Ⅰ. ①绿… Ⅱ. ①孙… Ⅲ. ①耕地保护—补偿机制—研究—重庆 Ⅳ. ①F323.211

中国国家版本馆CIP数据核字(2023)第063719号

绿色发展导向下重庆农户耕地生态保护补贴激励机制研究

LÜSE FAZHAN DAOXIANG XIA CHONGQING NONGHU GENGDI SHENGTAI BAOHU BUTIE JILI JIZHI YANJIU

孙顺强 著

责任编辑:朱春玲
责任校对:郑祖艺
特约校对:蒋云琪
装帧设计:米可设计
排　　版:吴秀琴
出版发行:西南大学出版社
重庆·北碚　　邮编:400715
印　　刷:重庆市国丰印务有限责任公司
成品尺寸:185 mm×260 mm
印　　张:8.5
字　　数:179千字
版　　次:2023年12月第1版
印　　次:2023年12月第1次印刷
书　　号:ISBN 978-7-5697-1826-3
定　　价:59.00元

目录

第一章　导论

一、研究背景与问题提出

(一)研究背景

1.国家对农业的重视

农业与国家的经济和人民的生活息息相关。我国属于世界公认的农业大国之一,但是在农业科技水平、农业发展水平、农民生活水平等方面明显落后于农业强国,在很多方面还需要不断地进行科技创新、政策改革、实践经验总结等。显而易见,“三农”问题即“农业、农村、农民”问题,是非常基本且重要的话题。近年来关于“三农”问题,每年的中央一号文件都会引起学术界、政界等领域的热烈讨论。中央一号文件是中共中央、国务院在总结上一年工作经验的基础之上,结合国家当前存在的现实问题和人民的现实诉求,形成的一个规范性的具有纲领性质的文件,具有权威性和现实性。从第六次全国人口普查结果来看,我国在乡村居住的人口数量占全国总人口的50.32%。这说明在我国的人口城乡结构中,农业人口的比例较高。但是从社会的视角来看,我国农民的生活质量和地位仍然处于较低的位置。更值得注意的是,在我国农业发展的过程中,由于历史和国情等因素,遇到的问题多种多样,其诱因复杂,还会不断出现各种新的现实问题。中共中央在1982—1986年期间,连续5年发布了以农业问题为核心的中央一号文件,对“三农”问题的各个方面作出了具体的规划。中共中央从2004年到2019年连续16年发布了以“三农”为主题的中央一号文件,这说明“三农”问题在国家经济社会发展以及中国特色社会主义现代化建设过程中处于“重中之重”的地位。

基于此,我们梳理了1982—1986年以及2004—2019年两个时间段里的中央一号文件,从而整理出其中关于农业方面的重点内容脉络,如表1-1所示。

表1-1 部分中央一号文件名称及相关内容

时间及文件名称	相关内容
1982年,《全国农村工作会议纪要》	肯定包产到户等生产责任制都是社会主义集体经济的生产责任制
1983年,《当前农村经济政策的若干问题》	强调发展农村工商业
1984年,《关于1984年农村工作的通知》	提出农村重点工作为发展商品生产
1985年,《关于进一步活跃农村经济的十项政策》	提出取消个别品种外的统购派购制度、赋予农民经营自主权
1986年,《关于1986年农村工作的部署》	要求推动农村经济持续稳定协调发展
2004年,《中共中央 国务院关于促进农民增加收入若干政策的意见》	集中力量支持粮食主产区发展粮食产业,促进种粮农民增加收入
2005年,《中共中央 国务院关于进一步加强农村工作提高农业综合生产能力若干政策的意见》	要提高农业综合生产能力
2006年,《中共中央 国务院关于推进社会主义新农村建设的若干意见》	建设社会主义新农村是我国现代化进程中的重大历史任务
2007年,《中共中央 国务院关于积极发展现代农业扎实推进社会主义新农村建设的若干意见》	社会主义新农村建设要把建设现代农业放在首位
2008年,《中共中央 国务院关于切实加强农业基础建设进一步促进农业发展农民增收的若干意见》	加强农业基础建设
2009年,《中共中央 国务院关于2009年促进农业稳定发展农民持续增收的若干意见》	加大对农业的支持保护力度,稳定发展农业生产
2010年,《中共中央 国务院关于加大统筹城乡发展力度进一步夯实农业农村发展基础的若干意见》	特别强调了推进城镇化发展的制度创新,统筹城乡发展
2011年,《中共中央 国务院关于加快水利改革发展的决定》	加快水利改革发展
2012年,《中共中央 国务院关于加快推进农业科技创新持续增强农产品供给保障能力的若干意见》	依靠科技创新驱动,引领支撑现代农业建设
2013年,《中共中央 国务院关于加快发展现代农业进一步增强农村发展活力的若干意见》	对加快发展现代农业,进一步增强农村发展活力作出部署
2014年,《关于全面深化农村改革加快推进农业现代化的若干意见》	全面深化农村改革,处理好政府和市场的关系,激发农村经济社会活力
2015年,《关于加大改革创新力度加快农业现代化建设的若干意见》	指出当前我国经济发展进入新常态,正从高速增长转向中高速增长,必须破解的重大课题是如何在经济增速放缓背景下继续强化农业基础地位、促进农民持续增收

续表

时间及文件名称	相关内容
2016年,《中共中央 国务院关于落实发展新理念加快农业现代化实现全面小康目标的若干意见》	要牢固树立和深入贯彻落实创新、协调、绿色、开放、共享的发展理念,大力推进农业现代化
2017年,《中共中央 国务院关于深入推进农业供给侧结构性改革 加快培育农业农村发展新动能的若干意见》	协调推进农业现代化与新型城镇化,以推进农业供给侧结构性改革为主线
2018年,《中共中央 国务院关于实施乡村振兴战略的意见》	推动农业全面升级、农村全面进步、农民全面发展
2019年,《中共中央 国务院关于坚持农业农村优先发展做好“三农”工作的若干意见》	夯实农业基础,保障重要农产品有效供给

国家把农业问题放在首要位置,说明了农业对于国计民生不可撼动的重要地位。

另外,除了中央一号文件格外重视农业之外,国家制定的许多法律法规也都聚焦于农业。首先,国家在1993年实施了《中华人民共和国农业法》。这部法律对农业生产、农产品、农民权益、农业资源与农业环境保护等各方面都作出了界定和规范,以保障农业可持续发展,维护农民的利益和促进农村的发展。其次,还有《中华人民共和国种子法》,该法律从种子的层面出发,制定相应的规则来有效地促使耕作农业主体形成自觉促进种植业和林业发展的意识。除此之外,还有关于加强农药规范生产和使用的监督管理条例,如《农药管理条例》等,这些法律法规都体现了农业对国家、农民的重要性以及国家对农业生产和发展的重视。

2. 国家对土地的关注

土地是农民的命根子,事关亿万农民的切身利益。众所周知,农业里最基础的生产资料就是土地。土地是十分宝贵又十分有限的资源,是国家和人民赖以生存和持续发展的基础。按照我国的土地分类标准以及相关法律法规——《中华人民共和国土地管理法》(后也简称为《土地管理法》)和《土地分类》等,我国的土地可大致分为三种类型:农用地、建设用地和未利用地。其中农用地是指通过利用各种农业工具、农业技术,为了生产农产品而直接或者间接用于农业生产的土地,农用地可以更进一步分为耕地、园地、林地、牧草地和其他农用地。建设用地是指城市建设过程中用来修建建筑物、建造构筑物的土地。未利用地是指农用地和建设用地以外的土地。

目前,我国发布的关于土地方面的重要的政策文件和法律法规主要有:《中华人民共和国土地管理法》《中华人民共和国土地管理法实施条例》《基本农田保护条例》《土地复垦条例实施办法》等。表1-2整理了1987—2015年有关土地方面的部分重要会议、法律法规和政策文件名称及其涉及的相关内容，以便探讨国家为应对土地问题而制定的相关政策的变化规律和趋势。

表1-2 关于土地方面的重要会议、法律法规和政策文件

重要会议纪要、法律法规和政策文件的时间及名称	相关内容
1987年，《关于加强土地统一管理的会议纪要》	高度重视土地管理工作，城乡土地要统一管理，服从统一规划，对于征收来的非农业用地使用费(税)和非农业建设占用耕地垦复费(税)的资金要留给地方用于耕地垦复和国家用于大江大河的治理。
1990年，《中华人民共和国城镇国有土地使用权出让和转让暂行条例》	涉及土地使用权的出让、转让、出租、抵押、终止和划拨。
1993年，《中华人民共和国土地增值税暂行条例》	规定了转让国有土地使用权、地上的建筑物及其附着物并取得收入的单位和个人，为土地增值税的纳税义务人，应当缴纳土地增值税。
1995年，《确定土地所有权和使用权的若干规定》	确定了土地所有权和使用权的规定，包括国家土地所有权、集体土地所有权、国有土地使用权以及集体土地建设用地使用权。
1997年，《中共中央、国务院关于进一步加强土地管理切实保护耕地的通知》	强调要加强土地的宏观管理；加强农村集体土地的管理；加强对国有土地资产的管理；加强土地管理的执法监督检查以及加强对土地管理工作的组织领导。
1998年，《中华人民共和国土地管理法实施条例》	涉及土地的所有权和使用权、土地利用总体规划、耕地保护、建设用地以及监督检查等内容。
1999年，《关于做好省级和需国务院审批的城市土地利用总体规划报批工作的通知》	督促各省(区、市)认真、加快做好相关土地利用总体规划的上报工作。
1999年，《全国土地利用总体规划纲要》	提及我国土地现状，提出了我国土地利用规划目标和方针以及实施纲要的各种具体管理措施。
1999年，《国务院办公厅关于加强土地转让管理严禁炒卖土地的通知》	在城乡建设用地、农民集体土地、监管开发用地和清理土地转让情况等方面作出了规定。
2000年，《关于建立土地有形市场促进土地使用权规范交易的通知》	规范土地要素市场，制止土地非法交易行为，促进土地使用权规范交易，充分利用和规范、监督管理土地有形市场。
2001年，《国务院关于加强国有土地资产管理的通知》	严格控制建设用地供应总量，严格实行国有土地有偿使用制度，大力推行国有土地使用权招标、拍卖，加强土地使用权转让管理，加强地价管理以及规范土地审批的行政行为。
2002年，《中华人民共和国农村土地承包法》	有关土地承包的规定，包含发包方和承包方的权利和义务以及土地承包经营权等相关的事宜。
2004年，《国务院关于将部分土地出让金用于农业土地开发有关问题的通知》	将部分土地出让金用于农业土地开发，并给出土地出让金用于农业土地开发的比例等。

续表

重要会议纪要、法律法规和政策文件的时间及名称	相关内容
2004年,《中华人民共和国土地管理法》	将第二条第四款修改为“国家为了公共利益的需要,可以依法对土地实行征收或者征用并给予补偿”。将第四十三条第二款、第四十五条等中的“征用”修改为“征收”。
2005年,《国家税务总局 财政部 国土资源部关于加强土地税收管理的通知》	要求各级地方税务、财政以及国土资源管理部门认真贯彻执行国家土地税收和土地管理的法律、法规及政策规定,各级地方税务和财政部门应合理划分和调整城镇土地使用税等级和税额标准。
2005年,《查处土地违法行为立案标准》	对非法转让土地类、非法占地类、破坏耕地类、非法批地类以及其他类型的土地违法行为进行了列举,并规定有以上违法行为之一,依法应当给予行政处罚或行政处分的,应及时予以立案。
2005年,《省级土地利用总体规划环境影响评价技术指引》	协调土地利用与生态环境建设的关系,对规划实施后可能造成的环境影响作出分析预测以及评估,为规划决策提供依据。
2006年,《地籍管理“十一五”发展规划纲要》	提及“十一五”期间是贯彻落实科学发展观,全面建设小康社会的关键时期,对国土资源管理提出了新的更高要求,提出了“十一五”期间地籍管理各项任务和保障措施。
2006年,《国务院办公厅关于建立国家土地督察制度有关问题的通知》	设立国家土地总督察及其办公室,向地方派驻国家土地督察局以及解决人员编制问题。
2007年,《国土资源部关于加强土地权属争议调处工作的通知》	要求各主管部门充分认识新形势下加强土地权属争议调处工作的必要性,加强组织领导,抓好土地权属争议的应急机制建设,建立健全机制,保障土地权属争议调处工作有效开展。
2007年,《劳动和社会保障部 国土资源部关于切实做好被征地农民社会保障工作有关问题的通知》	对被征地农民的合法权益和社会保障问题做出了明确规定,进一步明确了被征地农民社会保障工作责任,确保被征地农民社会保障所需资金,严格征地中对农民社会保障情况的审查,规范被征地农民社会保障资金管理,加强对被征地农民社会保障工作的监督检查。
2007年,《关于加大闲置土地处置力度的通知》	要求各地严格按照法律规定加快处置利用闲置土地,对违法审批造成的土地闲置尽早完成清退,集中开展闲置土地专项清理处置,合理安排土地利用。
2008年,《土地调查条例》	科学组织实施土地调查,查清土地资源利用情况和土地真实基础数据,并规定了土地调查的内容和方法、组织实施以及调查成果处理和质量控制等。
2008年,《违反土地管理规定行为处分办法》	规定了一系列关于土地利用违法行为的处分办法,对不同类型的违法行为给予不同程度的处分。
2008年,《国土资源部关于建立健全土地执法监管长效机制的通知》	从四个方面要求建立健全监管长效机制,即健全对外公示和内部制约机制,完善土地违法行为发现和查处机制,建立部门联动和协作监管机制,完善约束和激励机制。

续表

重要会议纪要、法律法规和政策文件的时间及名称	相关内容
2011年,《国土资源部关于加快推进土地利用规划数据库建设的通知》	要求各省(区、市)国土资源厅和各派驻地方的国家土地督察局充分认识规划数据库建设的重要性和紧迫性,同步推进、严格规范并且按时保质完成规划数据库的建设工作。
2011年,《土地复垦条例》	对生产建设活动和自然灾害损毁的土地采取整治措施,从而让土地达到可利用的状态,条例对土地复垦、义务人以及负有土地复垦监督管理职责的部门及其工作人员的法律责任作出了详细的严格的规定。
2012年,《闲置土地处置办法》	详细阐释了闲置土地的定义,在闲置土地的调查和认定、处置和利用以及预防和监管方面作出了一系列的规定,明确了违反此规定的法律责任。
2014年,《节约集约利用土地规定》	规定土地管理和利用的原则,从规模引导、布局优化、标准控制、市场配置、盘活利用和监督考评六个方面出发制定了节约集约利用土地的规定,并明确了违反此规定的法律责任。
2014年,《城镇土地分等定级规程》和《城镇土地估价规程》	要求严格按规程制订、更新并公布基准地价,加强宗地地价评估管理等。

可以看出,国家对土地问题的认识随着时间的变化在不断深入和完善。在这里,我们就其中一些典型的文件内容进行简单的介绍和分析。1987年,国务院办公厅召开了一次会议,会议的主要内容是加强土地的统一管理。当时的国家土地管理局1986年才成立。局负责人在会议上作了汇报。会议谈及,20世纪80年代人口数量每年增加1 000万左右,然而耕地的面积每年却减少七八百万亩(一亩约等于667平方米)。显而易见,当时我国亟待解决的问题是由耕地面积减少导致的粮食危机。会议提出,全国各地都要把土地管理工作放在重要的位置,城镇和乡村的土地要进行统一管理,不能分散,即各地土地的规划要服从国家或政府的统一安排。另外,在资金方面,对全国各地从非农业用地主体征收来的非农业用地使用费(税)和非农业建设占用耕地垦复费(税),要用于前述用地主体所在地方的耕地垦复和国家大江大河的治理。这也是一种取之于农,用之于农的措施。

1990年,为了改革城镇国有土地使用制度,督促用地主体对土地进行合理开发、利用、经营,国家发布了《中华人民共和国城镇国有土地使用权出让和转让暂行条例》,以便国家对土地进行统一管理,从而促进城镇建设用地和耕地利用的平衡,协调经济发展和生态环境的关系。

1999年,全国各省(区、市)发布了土地利用和管理的现状调研数据。调研结果显示,我国土地资源的特点是:由于人口较多,土地规模并不大,土地资源在人均数量上偏少,在质量上不容乐观;土地的生态环境保护状况不乐观,土地退化情况、土地破坏情况较严重;

用于粮食生产等的重要耕地后备资源不足,并且各地分布不均匀。国土资源部据此编制并发布了《全国土地利用总体规划纲要》。其主要内容是通过了解全国土地利用的现状,以1996年为基期、2010年为规划期、2030年为展望期来制定土地利用的总体规划,并在规划里强调,基于目前的土地状况,决定实行世界上最严格的耕地保护和土地管理制度。同时,该纲要提出了我国土地利用规划目标和方针以及实施的各种具体管理措施。

1999年,全国部分地区存在较多土地利用的问题,比如利用农民集体土地进行非法转让、非法交易土地所有权等,土地利用的秩序比较混乱。鉴于此,《国务院办公厅关于加强土地转让管理严禁炒卖土地的通知》正式发布,其目的在于促进土地的合理利用,保护相关利益主体的利益。

2001年,由于国有土地资产市场配置比例透明度不高,一些土地通过各种非法渠道入市,土地价格被随意控制,国有土地的收益被侵占,部分国有土地应有的收益流入其他单位或者个人手中。加强国有土地资产管理,是新形势下深入贯彻保护耕地基本国策、促进经济和社会可持续发展的需要,是推进土地利用方式和管理方式根本性转变的需要。①国务院根据此情况发布了《国务院关于加强国有土地资产管理的通知》,作出一系列关于土地权利的规定,比如要从用地供应方面严格控制建设用地、农村集体土地的供应量,保障集体的农村土地所有权。在用地权利方面,严格实行国有土地有偿使用制度,加强土地使用权依法转让管理,加强土地价格管理以及加强监督土地审批的行政行为。②

2005年,国家税务总局、财政部、国土资源部为了加强城镇土地使用税、土地增值税、契税和耕地占用税等几种土地税收的科学管理,发布了《国家税务总局 财政部 国土资源部关于加强土地税收管理的通知》。

2007年,出于对农民利益的保护,党中央、国务院高度重视被征地农民就业培训和社会保障问题,中华人民共和国劳动和社会保障部和国土资源部就此发布了《劳动和社会保障部 国土资源部关于切实做好被征地农民社会保障工作有关问题的通知》。

2007年,在全国各地积极落实国家出台的相关土地管理措施的前提下,仍然有部分地区存在土地闲置问题。因此,为了解决闲置土地问题,国土资源部发布了《关于加大闲置土地处置力度的通知》。

从国家针对土地管理而作出的一系列政策文件和法律法规中可以看出,几乎每年都有对土地利用和管理方面的新规定。这一系列的规定对土地的利用和管理作出了详细的要求,既保障了相关主体的权利,又对相关违法行为进行了监督和惩罚,体现了国家对土

①云南省人民政府.云南省人民政府转发国务院关于加强国有土地资产管理文件的通知[J].云南政报,2001(14):7.

②刘霞辉.中国式城市化[J].湖南大学学报(社会科学版),2021,35(5):34-49.

地的重视程度以及土地在社会发展、人民生存和生活当中发挥的重要作用。

3. 耕地的重要性

耕地作为具有粮食生产功能的自然资源，当属农用地中的核心与精华，是农业农村赖以生存、发展和必不可少的基础生产资料，是土地中最重要和最宝贵的部分，也是国家高度重视的部分。耕地除了是人类生产粮食作物与经济作物的基础，在保障社会与生态环境协调发展方面，同样具有良好的功能和作用。在农业生产过程中，农业的可持续发展离不开耕地，耕地的数量和质量直接决定了所种植的粮食的数量和质量。因此，耕地尤为重要，值得国家和个人重视。

从定义上来看，耕地是指种植农作物的土地，主要用于种植小麦、水稻、玉米等常见的需求量大的农作物并且需要经常进行耕耘，其主要类型包括灌溉水田、望天田、水浇地、旱地及菜地。与耕地相关的另一个名词即基本农田，是指国家根据一定时期人口和社会经济发展对农产品的需求，依据土地利用总体规划确定的不得占用的耕地。

国家针对耕地以及基本农田利用的合理性和科学性，出台了许多法律法规和政策文件。有关耕地方面的部分法律法规和政策文件，详见表1–3。

表1–3　有关耕地方面的部分法律法规和政策文件

时间及文件名称	相关内容
1986年，《关于加强土地管理、制止乱占耕地的通知》	规定要广泛宣传，提高广大干部群众对合理用地、保护耕地重要意义的意识，认真检查清理非农业用地，采取综合措施，强化土地管理，建立健全土地管理机构等。
1997年，《中共中央、国务院关于进一步加强土地管理切实保护耕地的通知》	关于冻结非农业建设项目占用耕地一年的决定。
1998年，《中共中央办公厅、国务院办公厅关于继续冻结非农业建设项目占用耕地的通知》	继续在全国范围内冻结非农业建设项目占用耕地。
2002年，《国务院关于进一步完善退耕还林政策措施的若干意见》	在已开展的退耕还林试点工作的基础之上，进一步总结经验，完善政策措施，遵循退耕还林的各项原则，坚持生态效益优先，坚持耕地生态建设和保护并重。国家向保护耕地生态环境的退耕户提供种苗和造林费补助以激励农户保护耕地。
2004年，《国务院办公厅关于完善退耕还林粮食补助办法的通知》	对退耕户的粮食补助的标准不变，合理安排好群众的生产生活，防止毁林复耕。
2004年，《国务院办公厅关于深入开展土地市场治理整顿严格土地管理的紧急通知》	要求切实保护基本农田，贯彻执行基本国策，守住基本农田红线，严格执行耕地占补平衡制度，严格按照建设项目占地数量进行耕地占补平衡。

续表

时间及文件名称	相关内容
2004年,《关于基本农田保护中有关问题的整改意见》	抓紧解决基本农田保护中基础工作有关问题,切实落实规划确定的基本农田,妥善处理生态退耕中基本农田的问题,加强基本农田的质量建设,做好耕地质量调查及监测工作,扩大耕地地力调查范围,将基本农田地力分等定级。及时掌握耕地质量变化情况,抓紧建立预警体系和耕地质量管理信息系统。
2006年,《国务院关于加强土地调控有关问题的通知》	进一步明确土地管理和耕地保护的责任,强化对土地管理行为的监督检查,严肃惩处土地违法违规行为。
2007年,《中华人民共和国耕地占用税暂行条例》	对耕地的定义,缴纳耕地占用税的范围和纳税人的定义、缴纳税额的计算方式以及耕地占用税实行优惠税率的情形作出了详细的规定。
2011年,《基本农田保护条例》	对耕地中的一个重要类型即基本农田进行了定义和划定,包括保护、监督管理以及法律责任等内容。
2016年,《国土资源部关于补足耕地数量与提升耕地质量相结合落实占补平衡的指导意见》	要求规范开展提升现有耕地质量、将旱地改造为水田(简称"提质改造"),以补充耕地和提质改造耕地相结合的方式(简称"补改结合")落实占补平衡工作。提出了有关耕地保护的指导意见,并强调开展耕地提质改造,以补改结合方式落实耕地占补平衡是耕地保护的一项创新举措和重要任务。
2017年,《中共中央 国务院关于加强耕地保护和改进占补平衡的意见》	进一步强调了耕地的宝贵以及加强耕地保护和改进占补平衡工作的要求和原则,以便推进耕地质量提升和保护,其中还特别强调了要健全耕地保护补偿机制,加强对耕地保护责任主体的补偿激励,按照谁保护、谁受益的原则加大耕地保护补偿力度,还实行了跨地区补充耕地的利益调节机制。

这些文件足以说明我国对耕地和基本农田严格保护的决心和行动力,足以证明耕地在我国农业中的重要地位。

联合国2019年的《世界人口展望》报告指出,全球人口预计在未来30年继续增加20亿人,即从2019年的77亿增加到2050年的97亿,直至21世纪末,全球人口总量将会达到110亿人左右。有研究显示,人类对粮食作物的消耗速度已经超过了人类生产粮食作物的速度。随着我国现代城市工业化的大力发展、城镇化的不断推进、现代化建设的不断完善,我国的耕地资源无论在数量、质量还是生态保护方面均受到严峻挑战。此外,由于耕地利用主体忽视对耕地资源科学合理的保护,甚至滥用、乱用土地,我国现有耕地资源的生态环境安全受到严重威胁。人类社会需要在未来的几十年里,不断地通过各种农业科技创新、耕地保护措施、新生产方式来提高粮食产量以保证养活世界上庞大数量的人口。然而,地球上用以生产粮食作物的适宜耕地资源却十分稀少。为了保证粮食的质量和安全,适宜耕种粮食作物的耕地必须具备质量好、土壤健康、生态环境良好等条件,但这样的耕地数量是有限的。所以,究竟该如何合理利用现有的有限的土地资源,如何保护好现有的耕地并且提高其质量，从而提高粮食作物的产量是当前以及未来很长一段时间内人类所面临的异常严峻的挑战。总而言之，耕地在人类生活中的地位不容忽视，我们必须认真理解和执行十分珍惜、合理利用土地和切实保护耕地这一基本国策。当前，我国在耕地数量、质量和生态环境保护方面主要面临以下问题和挑战。

（1）粮食生产数量和安全问题突出。粮食作为人类生存和生活必不可少，也是最基本的物质前提，是保障社会稳定、经济发展的根基。我国人口众多，对粮食的需求量很大，对耕地的数量和质量要求很高。但是我国的地形地貌多种多样，其中不适合耕种的地区，（如丘陵、山区、高原等）面积高达国土面积的69%左右，能用于耕种的土地主要集中分布在平原和盆地地区，其面积仅仅占国土面积的13%左右。可以看出，我国用于生产粮食作物的耕地面积较小，加之持续增长的庞大人口数量，让我国的人均耕地面积呈下降趋势，人地矛盾突出。

一直以来，我国粮食安全保障战略重在提高国内的粮食产量。虽然目前我国已基本解决粮食自给问题，但是粮食的安全生产和产能确保问题会因一些突发因素，比如蝗灾、旱灾、洪水等而受到较大的冲击和考验。随着国家加大城镇化发展的力度，城市化发展迅速，工业化及交通、能源各方面的建设进程加快，建设用地不断挤占耕地资源，致使有限的耕地资源变得更为宝贵和稀少，单位耕地的承载压力较大。这种占据农业资源进行现代化建设的赤字型开发模式不利于农业的可持续发展，不管是对耕地的数量和质量还是对粮食的生产数量和质量来说，都存在隐患，需要国家和地方政府进一步制定相关的具有针对性的规划和政策来改善现状，减轻耕地承载的压力，恢复耕地的活力，从而生产出安全的农副产品，实现国家的粮食生产安全，做到手中有粮、心中不慌，实现党的十八大以来，“确保谷物基本自给、口粮绝对安全”的新粮食安全要求①。

（2）耕地质量退化问题突出。有效足量的粮食生产依赖于良好的耕地质量，因此耕地本身的质量问题不容忽视。2006年，国家“十一五”规划纲要指出18亿亩耕地是保证我国粮食安全生产的一道不可逾越的红线。严守18亿亩耕地红线的底线是国家一直以来坚持的原则。多年以来，虽然这条红线引起了足够的重视，耕地的数量一直以来也维持得较好，但是人们却在一定程度上忽略了维持耕地质量这一重要原则。耕地的质量下降或者说耕地退化问题主要是一些人为因素和自然灾害引起的，比如比较典型的东北黑土地退化。由于人们在黑土地上进行集约化规模化经营、机械化运作和耕作，长此以往导致黑土地有机质结构变差，微生物的作用没有得到充分发挥，土壤被压实，一下雨，水都积在田里形成涝灾，水土流失十分严重……黑土地就这样变薄、变硬、变瘦了。由于不合理利用以

①马建堂，布小林，王一鸣，等.确保国家粮食安全和重要农产品有效供给[J].中国经济报告，2019(6)：4.

及自然灾害等导致水土流失、土壤肥力下降，我国耕地资源的退化面积超过40%[①]，耕地资源的质量保护问题日趋引起关注。2014年，《关于全国耕地质量等级情况的公报》中，耕地质量被划分为十个等级。其中，等级为一至三等的耕地面积占耕地总面积的27.3%[②]，该部分耕地质量较好，基本保持了耕地良好的生态功能；等级为四至六等的耕地面积占耕地总面积的44.8%，该部分耕地质量在初步改善条件下会明显提高耕地的粮食增产能力；等级为七至十等的耕地面积占耕地总面积的27.9%，该部分耕地普遍存在重金属、农药化肥、固体废弃物等方面的污染，严重影响了耕地的生态功能，同时耕地质量受到明显影响，产出作物的质量安全受到威胁。根据农业农村部《2019年全国耕地质量等级情况公报》，我国耕地质量由高到低共分为十等，平均等级为4.76等。一至三等的耕地属高产田，仅占耕地总面积的31.24%[③]；四至六等为中产田，占耕地总面积的46.81%，是今后粮食增产的重点区域和重要突破口；七至十等的低产田占耕地总面积的21.95%，这部分耕地基础地力相对较差，是耕地内在质量提升的瓶颈和难点。

(3)耕地生态环境遭到破坏。虽然我国耕地保护制度的严格程度排世界前列，但是随着我国城市工业化的发展，大量废弃物导致耕地资源处于恶化与流失的境地，耕地数量与质量受到不同程度的影响，耕地生态环境问题日益严峻。除此之外，部分农民为获取更多经济利益，不惜以非合理途径过度消费耕地资源，使耕地超负荷生产作物，导致土壤中农药富集，土壤板结、肥力下降，对食品安全造成严重威胁。残留农药经水循环系统汇入水体，同时还会造成水生态环境污染。新中国成立以来，我国土壤侵蚀面积逐年增加。根据第一次全国水利普查成果，土壤侵蚀总面积已达294.9万平方千米，而因土壤侵蚀而损失的氮、磷、钾养分相当于4 000多万吨化肥的养分含量[④]。我国土地沙化速度同样惊人，2019年，全国荒漠化土地面积为257.37万平方千米。据了解，我国每年因土地沙化造成的直接经济损失达540亿元。我国盐碱化耕地分布在黄淮海平原、黄土高原和沿海地带等。资料显示，华南地区部分区域50%的耕地遭受镉、砷、汞等重金属和石油类污染，长江三角洲地区部分区域连片农田受镉、铅、砷、铜、锌等多种重金属污染，致使10%的耕地基本丧失生物生产力[⑤]。

耕地质量保护是耕地保护中的一项重要内容。2016年，中央一号文件要求我国要持续坚持最严格的耕地保护制度，在坚守耕地红线的基础上，推进耕地数量、质量、生态三位

①杨舒.18亿亩耕地红线 除了数量，还要严守什么[J].决策探索(上)，2021(4)：72-73.

②任意.推进我国耕地质量标准化建设[J].中国标准化，2017(3)：11-13.

③辛心榕.科技创新引领耕地保护与利用[J].中国农村科技，2021(10)：28.

④张立强.论开展土地整理工作的重要性[J].黑龙江自然资源，2020(5)：23.

⑤李华英.外源柠檬酸和草酸对镉胁迫下苎麻生理响应的影响研究[D].长沙：湖南大学，2014：1.

一体保护。2019年,《关于切实加强高标准农田建设提升国家粮食安全保障能力的意见》指出,要进一步加强耕地质量保护,实施严格耕地占用审批制度,提升农田生态功能,保障高标准农田数量过线、质量达标,为我国粮食的安全生产夯下坚实基础。

耕地质量可以归纳为本底质量与追加质量,其中本底质量是指耕地资源的自然属性,包括土壤、水分、生物等,追加质量是指耕地资源在人为条件下形成的非自然属性。因此,耕地质量可以再具体划分为耕地土壤质量、空间地理质量、管理质量和经济质量四个方面,耕地质量保护即从以上四个方面着手进行(沈仁芳等,2012;杨丽霞,2013)。耕地资源拥有的各自然属性共同组成了耕地生态系统,而耕地生态系统具有生态价值功能,因此,耕地质量保护需要与生态环境保护相结合。

城市工业化以及农户过度使用农药化肥引发的耕地生态污染等问题突出,农户绿色生产行为缺失,这些均说明当前我国传统的耕地约束性保护机制实施效果并不理想。耕地生态保护激励机制缺失成为我国耕地资源环境管理政策体系极大的隐形缺陷。建立农户耕地生态保护激励机制,引导农户在农业供给侧结构性改革中实施绿色生产已成为目前农业资源环境管理的迫切需要。

4.我国历年耕地发展变化历程

可以分几个阶段对我国耕地数量、质量和生态环境的变动进行研究和分析。

(1)我国耕地数量发展变化历程。

首先分析1949—1986年耕地面积的变动情况,此期间我国的耕地面积历经了很多变化,有递增期和递减期,总体上看,存在大量耕地持续减少的现象。但是根据中国科学院的研究结果,这个时期统计手段的不完备和统计数据的不准确,以及人们主观上的故意少报等因素导致了耕地数量呈现直线递减的趋势。可以将这段时间的耕地变化分为四个阶段,第一阶段是1949—1957年的耕地净增加时期,因对农业产品的需求量大而进行垦荒从而恢复耕地的功能,所以耕地面积增加①。这也同时导致了耕地后备资源的减少。受制于当时的生产力水平和技术条件,耕地面积增加有限,于1957年达到峰值(当时全国耕地总面积达到233 405.16万亩,成为当时记录上的历史最高水平)。第二个阶段是1963—1974年耕地逐步递减的初步阶段,这个时期由于政治原因和社会风气,比如集体主义"大锅饭"的体制削弱了农民生产的积极性和劳动的勤奋程度,耕地面积较为快速地减少。第三个阶段是1975—1981年耕地递减的初步治理阶段,在这个阶段国家针对耕地面积减少的现象采取了一些行政管理措施,出台了一些治理政策,比如发布了一些禁止随意占用、滥用耕地的文件,以期使耕地面积递减的趋势趋于缓和。1978年农村土地制度的改革激

①傅超,郑娟尔,吴次芳.建国以来我国耕地数量变化的历史考察与启示[J].国土资源科技管理,2007(6):68-72.

发了农民的生产积极性，1979年耕地面积比上年净增加了163亩，但1980年耕地面积又开始下降。第四个阶段是1982—1986年的耕地占用高峰阶段，这个阶段每年耕地面积减少的幅度达到了约842.3万亩。其主要原因是当时我国注重经济发展，各个地方的乡镇企业快速增多，非农业用地快速增加。另外，水土的流失、土地沙漠化等自然因素也是耕地减少的原因。

国家开始注意滥用耕地的问题，采取了一些措施来管理和控制耕地面积的减少。在机构设置方面，1986年成立了国家土地管理局；在政策方面，如1986年颁布了《土地管理法》、1988年开始征收耕地占用税等，这些法律法规使得1986年到1990年我国耕地面积减少的势头得到了一定程度的控制。但是1992—1994年，各地的开发区数量急剧增加，房地产掀起开发热潮，城镇建设用地面积增加，耕地面积快速减少。

1996年至2005年全国耕地利用现状调查的数据，如图1-1所示。可以看到，1996年全国耕地面积为19.51亿亩，从1996—2005年，全国耕地持续减少，尤其是2000年以后。由于我国推行生态退耕还林政策、城市经济快速发展、城镇化的快速扩张以及建设用地的开发等原因，耕地数量迅速减少。到2002年耕地面积为18.89亿亩，2003年降低为18.51亿亩。这个阶段虽然也在实行1997年以来的世界上最严格的耕地保护制度，以及1998年修订了《土地管理法》和颁布了《基本农田保护条例》等政策，但是可能由于生态上的退耕还林、建设占用耕地、经济过快发展、"圈地运动"等因素，耕地面积依然在减少，因此耕地保护的责任巨大且形势复杂严峻。

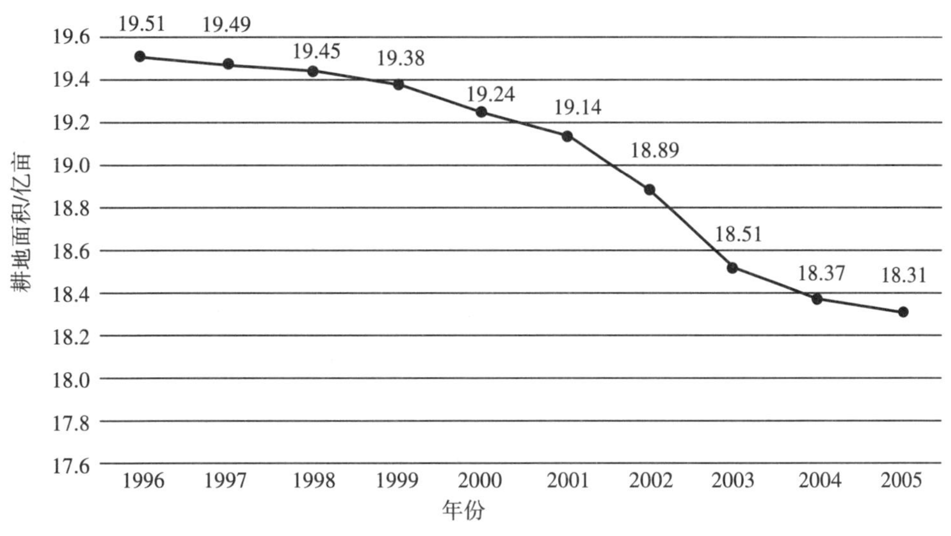

图1-1　1996—2005年我国耕地面积的变化

数据来源：国土资源公报

2005年之后的耕地面积具体变化趋势如图1-2所示，2009年之后每年耕地面积都在以一定的速度缓慢递减。第二次全国土地调查从2007年7月开始，于2009年结束。2013年末，第二次全国土地调查成果正式向社会公布。公报显示，截至2009年12月31日，全国耕地面积为13 538.5万公顷（约20.31亿亩），比基于全国第一次土地调查的2009年变更调查数据多出1 358.7万公顷（约2.04亿亩），增长率达到了11.16%。受调查标准调整、测量技术方法改进和农村有关土地税费政策的调整和完善等因素影响，此次土地调查的数据更加准确、全面、客观。然而经过调查测量多出来的那部分耕地有很大一部分需要退耕还林、还草、还湿和休耕[①]，有一定数量的耕地由于受到环境污染而不适合继续耕种农作物，还有一定数量的耕地因表土层破坏、地下水超采等已不适宜耕种农作物，所以，耕地保护形势仍然严峻，不容乐观。

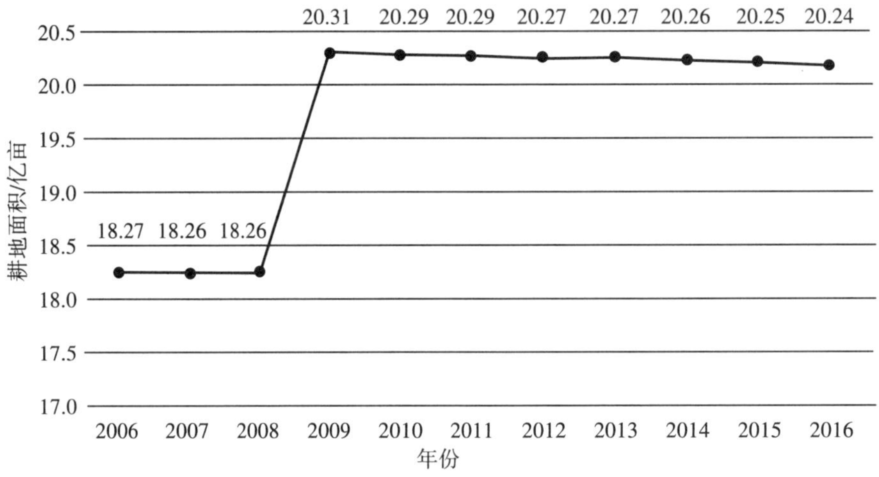

图1-2　2006—2016年我国耕地面积的变化

数据来源：国土资源公报

2009年出现较大净增加耕地面积的原因比较复杂，具体分析如下。首先，此次土地调查由于采用了更新后的卫星遥感技术，将以前年度瞒报少报的耕地面积都统计了出来，即可能数量增加的关键原因在于调查的精确度的提高和技术方法的改善。其次，耕地面积的增加与长期以来地方政府为政绩而吸引投资以至占用大量耕地用于建设的行为有关。地方政府为了GDP的增长，招商引资及固定资产投资都将直接引起不可避免的耕地占用，于是地方政府存在少报耕地面积的行为，导致以前年度耕地面积失真。最后，其原因还可能在于受到农村税费政策调整和完善的影响。2006年，《中华人民共和国农业税条例》的废止意味着取消了原来按照土地面积征收的农业税，因此政府和农民失去了瞒报耕地面积的动力，耕地面积数据上报的真实性得到提高。

①陶旖洁.粮食进口扩大，中国农业何去何从——中国为何还要不断进口粮食[J].中国故事（专栏版），2017(8)：4.

(2)我国耕地质量发展变化历程。

根据第二次全国土地调查的耕地质量等别的规定，全国耕地评定为15个等别，其中1等表示耕地质量最好，15等表示耕地质量最差。由此将耕地等别1~4等划分为优等地，5~8等为高等地，9~12等为中等地，13~15等为低等地。根据国土资源统计公报，第二次全国土地调查的耕地质量等别成果显示，2013年全国耕地平均质量等别为9.96等，总体偏低。优等地面积为385.24万公顷，占全国耕地评定总面积的2.9%；高等地面积为3 586.22万公顷，占全国耕地评定总面积的26.5%；中等地面积为7 149.32万公顷，占全国耕地评定总面积的52.9%；低等地面积为2 386.47万公顷，占全国耕地评定总面积的17.7%。详见表1-4。

表1-4　2013年全国耕地质量等别

	优等(1~4)	高等(5~8)	中等(9~12)	低等(13~15)
面积/万公顷	385.24	3 586.22	7 149.32	2 386.47
占比/%	2.9	26.5	52.9	17.7
平均等别	9.96			

2014年，全国耕地平均质量等别为9.97等，总体偏低。优等地面积为386.50万公顷，占全国耕地评定总面积的2.9%；高等地面积为3 577.60万公顷，占全国耕地评定总面积的26.5%；中等地面积为7 135.00万公顷，占全国耕地评定总面积的52.9%；低等地面积为2 394.70万公顷，占全国耕地评定总面积的17.7%。详见表1-5。

表1-5　2014年全国耕地质量等别

	优等(1~4)	高等(5~8)	中等(9~12)	低等(13~15)
面积/万公顷	386.50	3 577.60	7 135.00	2 394.70
占比/%	2.9	26.5	52.9	17.7
平均等别	9.97			

2015年，全国耕地平均质量等别为9.96等。其中，优等地面积为397.38万公顷，占全国耕地评定总面积的2.9%；高等地面积为3 584.60万公顷，占全国耕地评定总面积的26.5%；中等地面积为7 138.52万公顷，占全国耕地评定总面积的52.8%；低等地面积为2 389.25万公顷，占全国耕地评定总面积的17.7%。详见表1-6。

表1-6　2015年全国耕地质量等别

	优等(1~4)	高等(5~8)	中等(9~12)	低等(13~15)
面积/万公顷	397.38	3 584.60	7 138.52	2 389.25
占比/%	2.9	26.5	52.8	17.7
平均等别	9.96			

由此可见,我国的耕地总体质量等别偏低,平均质量等别处于中等地的范围。根据2013—2015年的数据,这几年各质量类型耕地的占比基本相同,面积略微有所波动,其中优等地面积从2013年的385.24万公顷增加到2015年的397.38万公顷,有上升的趋势;高等地面积从2013年的3 586.22万公顷降低到2014年的3 577.60万公顷,又增加到2015年的3 584.60万公顷,整体略微下降;中等地面积从2013年的7 149.32万公顷降低到2014年的7 135.00万公顷,又增加到2015年的7 138.52万公顷,总体下降了近11万公顷;低等地面积从2013年的2 386.47万公顷增加到2014年的2 394.70万公顷,又减少到2015年的2 389.25万公顷。虽然这三年中各种质量等别的耕地在数量上有所波动,但是在耕地总面积中所占的比例基本相同,低等地都占到了总面积的17.7%,说明我国耕地的质量有待提高,耕地保护需要加强。

从另外一个可以代表耕地质量的角度即从粮食单产的角度来看,2007—2018年全国粮食单位产量总体呈增长趋势。(见图1-3)从数量上来看,从2007年的4 756.09千克/公顷到2018年的5 621.17千克/公顷,增加了865.08千克/公顷,从增长率来看,增长了18.19%,增长的幅度显示出耕地质量向好状态。全国粮食单位产量的增加也从一定的程度上表明了我国耕地的质量在缓慢地变好,耕地的单位利用率不断提高。

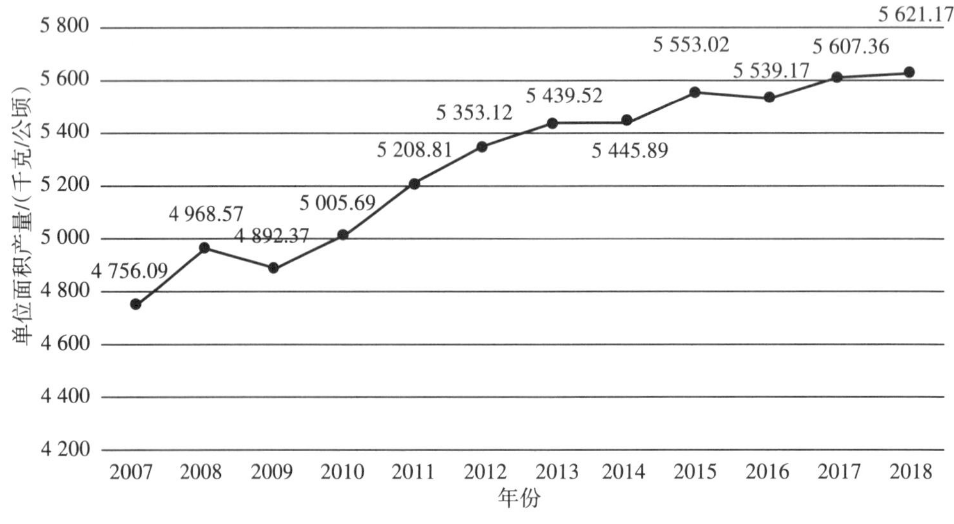

图1-3　2007—2018年全国粮食单位面积产量

数据来源:国家统计局

(3)我国耕地保护的生态环境发展历程。

耕地生态环境是我国耕地生态保护的重要方面，是耕地数量和耕地质量可持续发展的重要保证①，对耕地内部可以用耕地的化肥和农药施用量的指标来反映其内部生态环境的优劣②，对耕地外部可以用森林覆盖率来反映外部生态整体环境情况。在耕地生态环境中，化肥和农药的使用③情况对耕地内部生态环境系统有直接影响，在一定程度上反映了耕地生态环境保护的情况，化肥和农药的施用量越大，对耕地的伤害越大。

在此选取全国2012—2021年的化肥施用量和2009—2019年农药施用量的数据，分析我国在耕地利用过程中人的行为方面对生态环境的影响、生态环境产生的变化以及原因。从图1-4、图1-5可以看出，我国2012—2021年的化肥施用量，从2012年的5 838.85万吨减少到2021年的5 191.26万吨，减少率为11.09%，同时我国耕地数量在此期间也在减少，化肥的单位施用量实际上在增加，这对耕地的生态环境会产生副作用。另一方面，农药的施用量从2009年的170.90万吨增长到2013年的180.77万吨，之后下降到2019年的139.17万吨，总的来说农药施用量从2013年开始出现下降的趋势，说明农业从业者可能逐渐意识到农药的大量使用对生态环境的影响。

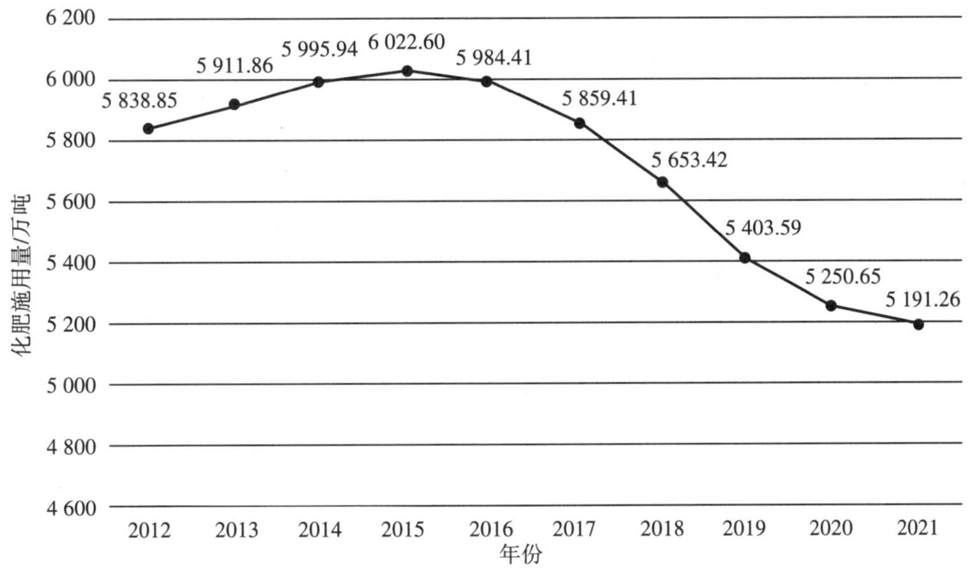

图1-4 2012—2021年全国化肥施用量

数据来源：国家统计局

①张晓伟.青岛市耕地非农化及保护问题研究[D].曲阜：曲阜师范大学，2012:4.

②张冲.依兰县耕地生态安全评价研究[D].哈尔滨：东北农业大学，2020:18.

③郭凯.黑龙江流域农业生态环境与经济协调发展研究[D].长春：吉林大学，2017:37.

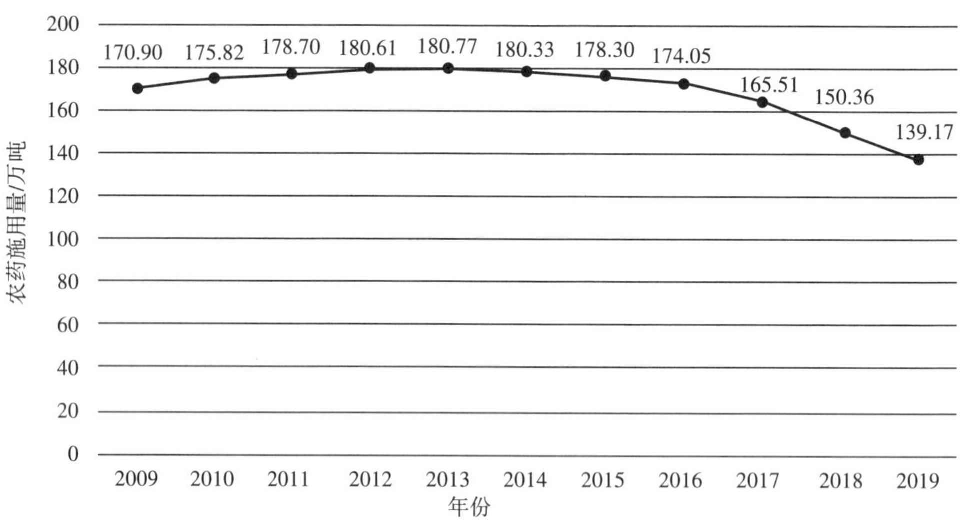

图1-5　2009—2019年全国农药施用量

数据来源:国家统计局

耕地生态环境保护中另一个具有参考意义的指标即森林覆盖率,由图1-6可以看出,我国总体的森林覆盖率从2010年的21.6%上升至2020年的23.0%,其间连续多年维持在同一水平,说明我国的生态环境保护做得比较到位,在一定程度上对我国的耕地生态环境保护起到了积极的作用。

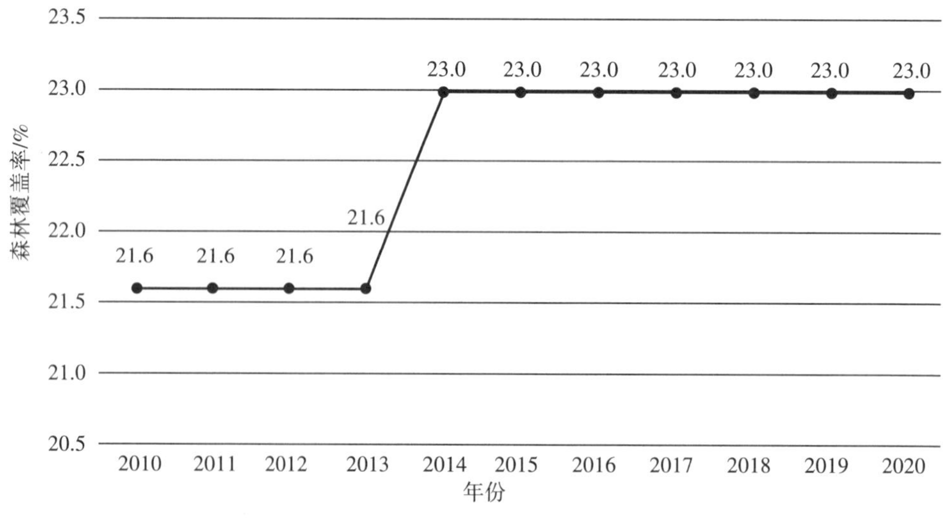

图1-6　2010—2020年全国森林覆盖率

数据来源:国家统计局

总而言之,根据对我国一些年份耕地保护的数量、质量和生态环境保护三个方面的发展历程的分析来看,数量上由于一些客观原因数据波动较大,但整体因城市化建设,耕地的面积呈下降的趋势;质量上我国耕地总体等别偏低,中等地较多,质量有待提高;在耕地生态环境方面，虽然我国的化肥施用量和农药施用量在增长后呈降低趋势，但单位施用量仍较高。

5.重庆市耕地发展历程

(1)耕地数量方面。

可以将重庆市直辖以来耕地数量变化情况分为几个阶段[①]：第一阶段是1997—2001年，其耕地减少趋势缓慢；第二阶段是2002—2008年，其耕地减少速度相对加快；第三阶段是2009—2016年，各个区县的耕地面积发生一定变化。在此将重庆市耕地面积分为主城区耕地面积总和和其他各个区县耕地面积总和两个方面，其中主城区包括渝中、大渡口、江北、沙坪坝、九龙坡、南岸、北碚、渝北和巴南九大区[②]，其他区县分别为万州、涪陵、长寿、江津、黔江、合川、永川、南川、綦江、潼南、铜梁、大足、璧山、梁平、城口、丰都、垫江、武隆、忠县、开州、荣昌、云阳、奉节、巫山、巫溪、石柱、秀山、酉阳、彭水等。从图1-7可以看出，重庆市2009—2016年耕地面积在不断地发生变化，2009年到2013年耕地面积在逐渐地增加，2013年后面积开始下降，尤其从2015年到2016年突然下降了4.8万公顷，下降率达到了1.97%。而到了2019年，耕地面积更是下降到了187.02万公顷，3年间下降率达21.5%，这可能是由于因建设占用、灾毁、生态退耕[③]、农业结构调整所减少的耕地面积大于因土地整治、农业结构调整等增加的耕地面积。

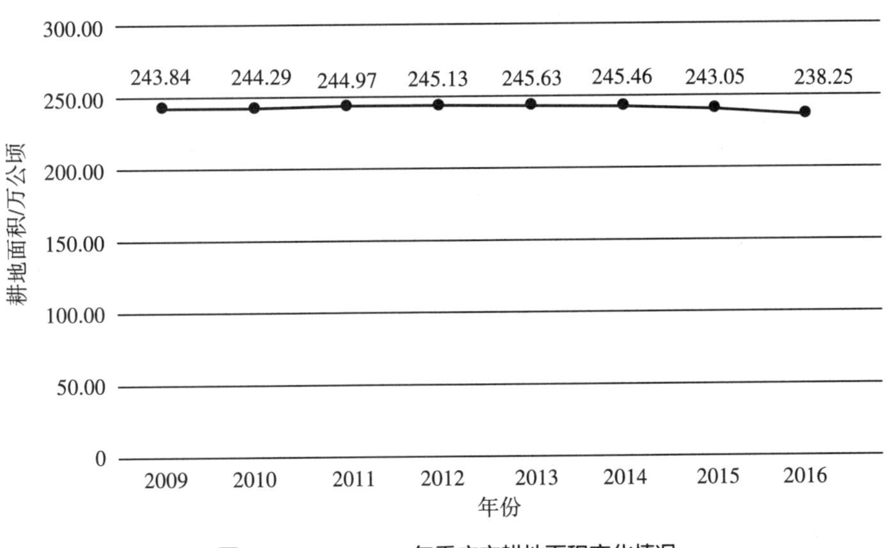

图1-7 2009—2016年重庆市耕地面积变化情况

①黄娟，刁承泰.近10年来重庆市耕地变化态势分析[C]//中国自然资源学会土地资源研究专业委员会.中国土地资源战略与区域协调发展研究.北京：气象出版社，2006:407-411.

②周金霖，黄阳，陈佳婧，等.重庆市农田土壤有机碳时空变化与固碳潜力分析[J].环境科学学报，2015，35(11):3647-3654.

③王伟.农村三产融合发展的内生动力研究[J].中国商论，2018(33):168-169.

图1-8是根据重庆市规划与自然资源局发布的调查数据而得出的重庆市主城区耕地面积变化情况。从重庆市主城区2009—2016年的耕地面积变化趋势可以看出，主城区的耕地面积逐年减少，但由于其耕地面积原本就较小，因此每年减少的耕地面积在0.26万~0.41万公顷之间，可能是由于主城区的城市规划建设占用耕地造成的面积减少。

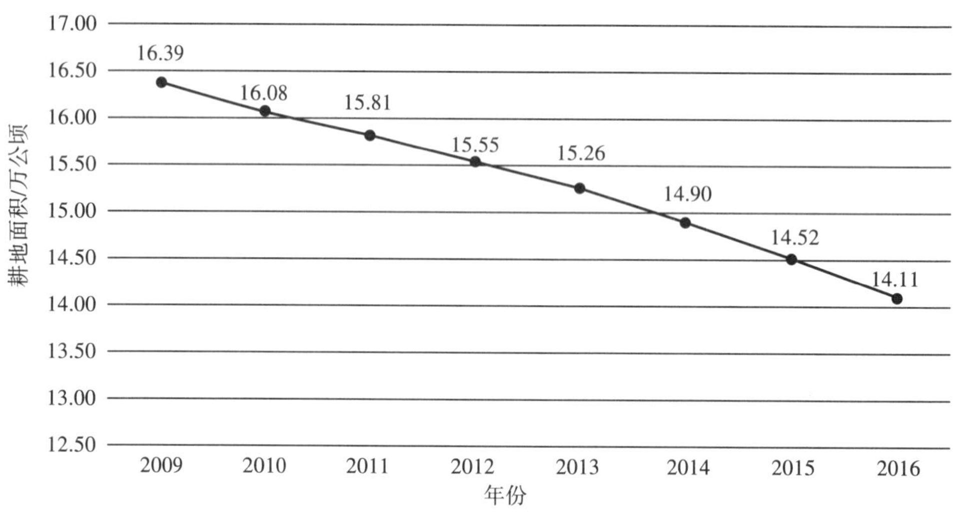

图1-8　2009—2016年重庆市主城区耕地面积变化情况

图1-9是重庆市除主城区以外的区县的耕地面积总和在2009—2016年的变化情况。可以看到，重庆市其他区县的耕地面积变化跟重庆市总体的耕地面积变化趋势是一致的，结合主城区耕地面积的情况，可以推断其他区县的耕地面积变化对重庆市的影响更大。这主要是由于重庆市区县面积占比大，农业人口多，耕地面积大。

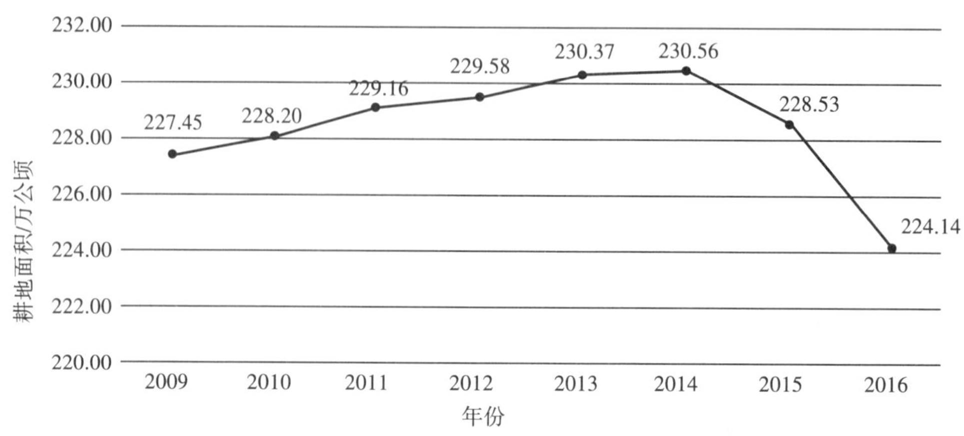

图1-9　2009—2016年重庆市其他区县耕地面积变化情况

（2）耕地质量方面。

根据重庆市统计年鉴，选取粮食单位面积产量这一数据在一定程度上来反映重庆市耕地质量的变化。如图1-10所示，2009—2018年重庆市的粮食单位面积产量虽有波动，但从2011年开始，呈逐年上升趋势，这与这些年耕地面积缓慢减少有一定关系，同时也体现了耕地质量有一定的提高。

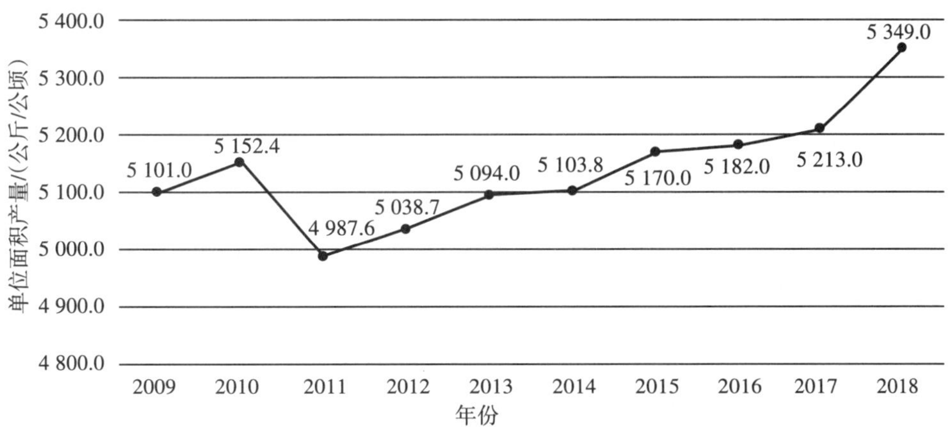

图1-10 2009—2018年重庆市粮食单位面积产量

数据来源：重庆市统计年鉴

(3)耕地生态环境保护方面。

根据重庆市统计年鉴的数据，重庆市2011—2020年的化肥施用量和2010—2019年的农药施用量如图1-11、图1-12所示。可以看出，重庆市化肥施用量呈先上升、后下降的趋势；农药施用量呈下降趋势，从2010年的2.10万吨下降为2019年的1.65万吨。这对耕地的环境保护是有益的，说明农户们的耕地生态保护意识有所提高，也得益于政府的政策普及和激励机制。

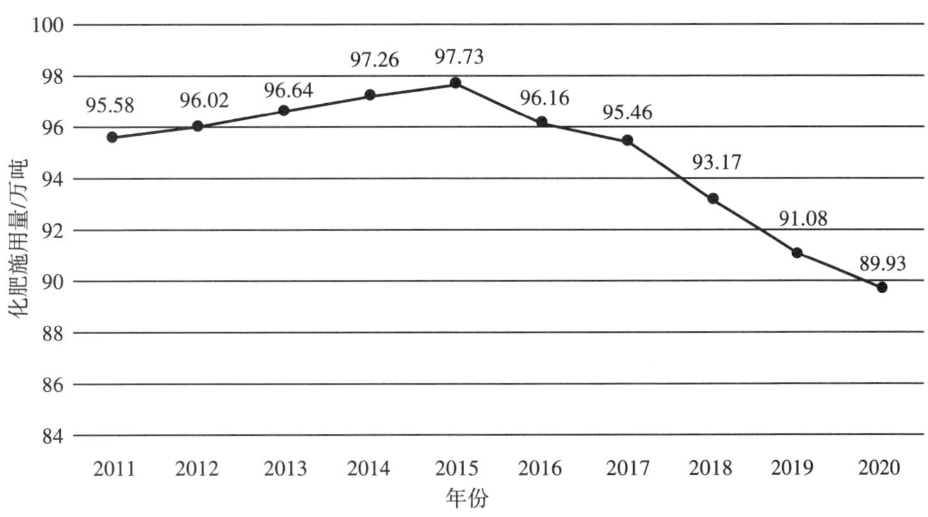

图1-11 2011—2020年重庆市化肥施用量情况

数据来源：重庆市统计年鉴

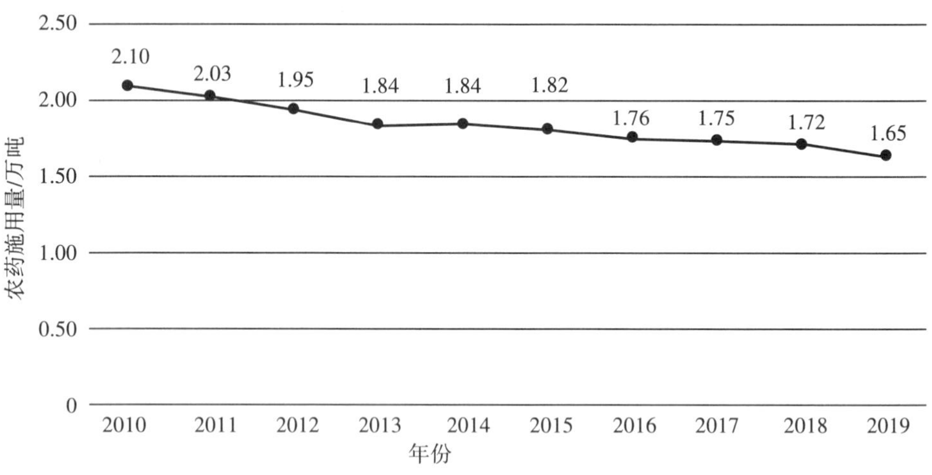

图1-12　2010—2019年重庆市农药施用量情况

数据来源：重庆市统计年鉴

图1-13是重庆市2011—2020年森林覆盖率变化情况，可以看到，重庆市的森林覆盖率比全国的森林覆盖率高，2011年的森林覆盖率达到了38.4%，并且直到2017年一直保持着这个比率，比同期的全国森林覆盖率要高十几个百分点。2018年，森林覆盖率上升至43.1%，说明重庆市的耕地外部生态环境保护是比较有力的。

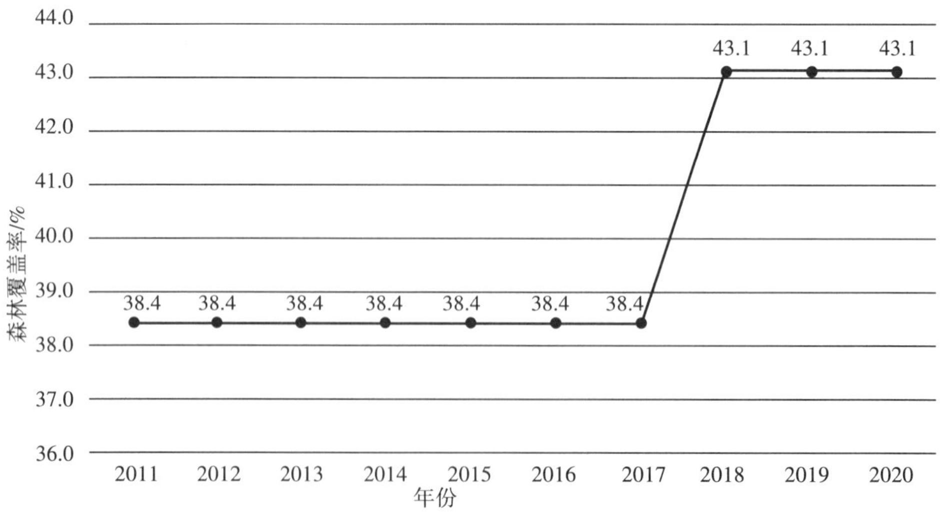

图1-13　2011—2020年重庆市森林覆盖率

数据来源：重庆市统计年鉴

（二）问题提出

2013年，党的十八届三中全会提出要加快建立生态环境保护机制，实行资源生态补偿制度，用制度推动人与自然资源的和谐共处[①]。十九大以来，我国强调要推进绿色发展，

①张江彩.生态文明建设视野下的新疆维吾尔族生态思想[D].喀什：喀什师范学院，2014：1.

加大生态系统保护力度，对耕地资源进行严格保护。然而，由于农户过量施用化肥、农药，我国耕地生态污染问题仍然突出。重庆市作为我国直辖市之一，耕地面积较小，同样存在严重的耕地生态污染问题。传统的耕地保护往往以耕地数量保护、质量保护为主，对耕地生态保护缺乏深入的理论与实证研究，也缺失对相关激励机制的系统研究。以对农户的耕地生态保护激励作为研究视角构建系统性的耕地生态保护激励机制，对提升农户对耕地生态保护的积极性，保证粮食的绿色生产，推进耕地生态环境的可持续发展具有重要的研究意义。

二、国内外相关研究综述

在耕地保护的主体地位研究中，贺晓英(2009)、马爱慧(2011)、李安宁与李伟(2011)、李静与廖晓明(2017)认为耕地资源具有公共物品属性，基于耕地的粮食生产安全同样表明了耕地资源具有社会公共利益属性，因此全体公众都应是耕地保护的责任主体。黄征学(2006)、田春与李世平(2010)、晓叶(2017)、乔金杰等(2019)认为政府承担了耕地保护的主要责任，因此政府应是耕地保护的主体。张凤荣(2006)、邓爱珍等(2007)、任继伟(2008)、洪土林等(2010)、牛海鹏等(2011)、王利敏与欧名豪(2013)、周小平等(2017)学者指出农户作为耕地的直接使用者，应成为耕地保护的第一主体，因为农户是耕地保护最直接的受益者，同时对耕地保护的效果起着直接的作用，因此提高农户耕地保护的积极性即激励农户保护耕地对我国耕地保护政策目标的实现至关重要[①]。

目前关于耕地保护的文献众多，研究围绕耕地数量保护、耕地质量保护、耕地生态保护三方面展开，此外还有学者进行了关于耕地生态补偿机制的研究[②]。

(一)耕地数量一元保护

耕地的数量保护是指国家通过严格实施耕地占用审批制度、财政补贴等法律或经济手段保护耕地，保障现有耕地数量不减少的过程(郭芙梅等，2009)。当前针对耕地数量保护的研究主要集中于耕地数量变化现状、驱动力及预测，以及耕地数量保护政策评价等方面[③]。

---

①陈美球，刘桃菊，黄建伟.农户耕地保护行为对农业补贴政策的响应分析[J].农村经济，2013(2):7-10.

②司迪.长春经济技术开发区耕地保护经济补偿的研究[D].长春:吉林农业大学，2017:7.

③张云云.县级土地利用规划中耕地保有量预测研究——以湖北省恩施市为例[D].武汉:华中农业大学，2010:5.

研究耕地数量保护以及可持续利用的对象是耕地变化现状及其变化趋势[①]。车明亮等(2010)通过皮尔逊(Pearson)相关分析法以及改进的BP神经网络算法、灰色模型和多元线性回归模型法对耕地数量变化进行预测[②]。相关研究方法还有岳云华(2010)采用的集成曲线估计模型和灰色数列模型,赵永(2013)采用的空间自回归模型,王霞(2014)采用的核函数支持向量回归机,罗亦泳(2015)采用的自适应进化相关向量机,王洪(2016)采用的深度信任支持向量回归方法等。这些研究结果表明我国耕地面积呈逐渐减少的趋势,随着经济的高速发展以及城镇化进程的加快,耕地面积减少的速度在加快,因此,必须采取更为严格的耕地保护措施,缓解耕地面积的下降态势[③]。

耕地数量变化的原因是耕地数量变化与可持续利用研究的核心。[④]我国耕地减少的根本原因主要有四个:一是建设占用,二是灾毁,三是农业结构调整,四是生态退耕(陈桂珅等,2009)。工业化、城镇化的持续快速推进,导致建设占用是造成耕地面积减少的最主要的原因,其次是自然灾害直接导致耕地灾毁。另外,农户超负荷利用耕地与国家相关激励措施投入不足导致耕地承载能力减弱,造成耕地大量流失;在市场经济利益机制的驱动下,农业结构的战略性调整,更加激发了各地对耕地的利用方式从种植业转向现代园艺业、林业和水产业发展,造成了耕地利用的区域性"非粮化"甚至"非农化"。而生态建设占用耕地是生态脆弱地区耕地面积减少的主要原因(陈百明、李世顺,1998;郭丽英等,2012;赵晓丽等,2014)。此外,我国耕地减少有着深刻的经济体制原因,耕地占用的成本很低,而耕地占用后转向其他用途的收益很高(郭贯成、吴群,2007)。

关于耕地数量保护政策评价的研究有很多,彭凌等(2011)运用协整分析、格兰杰(Granger)因果关系检验和脉冲响应方法得出耕地数量变化是耕地保护政策的Granger原因,应制订长期而非短期的策略,强化耕地保护政策理论研究,加大耕地保护政策的制定、执行和监督力度。翟文侠等(2003)、杨立等(2015)构建了耕地数量变化的多元回归模型,结果显示不同阶段的政策遏制耕地减少的贡献率差异明显,提出农地保护应以完善土地产权体系为核心,寻求耕地总量动态平衡,为实现生态农业提供保障。谭术魁等(2010)对耕地总量动态平衡、土地用途管制、耕地执法监管政策进行了数据包络分析(DEA),结论表明2000—2007年间,我国耕地保护政策存在一定的时滞,且受体制等多种因素影响[⑤]。杜继丰等(2013)构建虚拟变量模型,采用自回归法,评价了我国实行城市区域耕地保护政

①田丹.沿河县耕地保护研究[D].贵阳:贵州大学,2009:4.

②车明亮,聂宜民,刘登民,等.区域耕地数量变化预测方法的对比研究[J].中国土地科学,2010,24(5):13-18.

③赵永,刘旭华,孙腾达.基于空间自回归模型的中国耕地面积变化预测[J].干旱区资源与环境,2013,27(8):1-5.

④刘涛.陕西省汉台区耕地数量变化与粮食安全研究[D].咸阳:西北农林科技大学,2009:5.

⑤陈准.周口市耕地保护绩效评价[D].郑州:河南大学,2014:5.

策的效果,结果表明提高农产品价格对农民个体保护耕地有促进作用。在市场经济体制下,要协调我国快速城镇化进程中建设用地扩张与耕地保护之间的矛盾,实现耕地保护目标必须形成一定的经济机制,最根本的途径就是提高耕地利用的比较效益。其中一个重要途径是优化和完善基于目标责任区际优化的耕地保护区域补偿机制①,该机制可以切实起到激励耕地保护、抑制耕地非农化的作用(陈百明,2004;柯新利等,2015)。

(二)耕地数量、质量二元保护

耕地质量的内涵在不断变化,国内不同学者对其有不同的定义,赵登辉等(1997)认为耕地质量是耕地的肥力及地理位置;2008年,《耕地地力调查与质量评价技术规程》将其定义为满足作物生长和清洁生产的程度;李丹(2004)、陈印军等(2011)、沈仁芳(2012)认为耕地质量可以划分为土壤质量、管理质量、经济质量以及空间地理质量四个方面。

耕地质量保护研究主要集中于耕地质量评价和耕地质量保护绩效评价两方面。根据耕地质量评价的目的和任务不同,学者们运用了不同的评价方法,汤国安(2006)、农肖肖(2009)基于ArcGIS的空间分析模型,采用多因子综合评判法统计出各级耕地占总耕地的百分比数据;韦仕川等(2014)采用空间自相关(Moran′s I指数)分析方法,探讨耕地质量的空间差异性与结构性特征;程锋等(2014)利用归纳分析法、比较分析法和统计分析法将全国耕地划分为15个等别;刘露等(2016)采用计量经济学模型和二元Logistic回归模型对耕地质量进行分等定级研究;吴大放(2010)依据单位面积粮食产量划定耕地质量等级;姜广辉等(2006)应用GIS空间分析与模拟技术,张瑞娟等(2013)基于耕地整治可改造因素修正法,高星等(2016)通过自然等指数、利用等指数,构建潜力测算模型等对耕地生产能力及潜力进行测算;司朝霞(2015)运用变异系数法和综合指数法,舒帮荣(2008)、倪广亚(2015)采用能值分析方法,童悦(2015)基于能值—生态足迹改进模型,任远辉等(2016)基于“压力—状态—响应”模型对耕地资源质量的可持续性进行评价,其研究结果显示,我国耕地存在“低等质量占比大,区域差异明显”的等别基本特征,耕地质量总体上向好发展②,但由于受污水灌溉和大量施用化肥、农药等的影响,部分耕地质量要素和局部耕地质量恶化问题突出。而引起耕地质量下降的主要原因有以下四点:一是由耕地质量占补不平衡引起耕地质量总体下降,即占用高等级耕地而用低等级耕地实行补偿;二是因耕地退化引起耕地质量下降;三是耕地“用”“养”不当,引起基础地力下降;四是管理不到位、保障未跟上以及一味注重产量带来的效益而采用不合理方式对耕地过度利用或开发,加速损害了

①柯新利,杨柏寒,丁璐,等.基于目标责任区际优化的耕地保护补偿[J].中国人口·资源与环境,2015,25(1):142-151.

②王永光.基于耕地质量综合评价的基本农田划定研究[D].成都:成都理工大学,2015:6.

耕地质量(余振国等,2003;钟秀明等,2007;陈印军等,2011;王洪波等,2011)。

关于耕地质量保护政策实施效果的评价有很多。李彦芳(2004)指出,虽然《中华人民共和国土地管理法》中"耕地总量不减少"政策的提出能有效保护耕地,但相关制度目前仍有所欠缺以及在实践中难免遇到阻碍,导致其不能真正发挥效力,使耕地退化,整体生产能力趋于衰退。孙福军等(2013)指出我国地方政府开展耕地保护工作面临的主要问题在耕地占补质量不平衡、耕地保护主体无动力、耕地保护相应法律法规不健全、耕地保护工作技术支撑不到位、耕地保护工作绩效考核评价不完善以及耕地管理相关部门之间工作不协调等方面。杨立(2015)等认为耕地保护政策绩效有着明显的时间差异性,随着耕地保护政策的发展,其绩效在逐渐显现。

(三)耕地数量、质量、生态"三位一体"保护

耕地生态保护是指对已经退化或处于退化边缘的耕地采用法律、经济等手段与科技方法恢复其生态功能,防止耕地生态环境被污染与破坏,缓解耕地退化状况,同时促进耕地资源与生态环境的协调发展,实现耕地生态系统在结构以及功能方面的平衡(张凤荣等,2001;王万茂等,2001;朱德举等,2002)。

以舒尔茨为代表的理性小农学派学者在传统农业时期提出农户是理性经济人的观点,该学派主要着眼于农户作为生产者的身份,认为在土地使用过程中,农户追求利润最大化而忽略生态环境。而农户行为对耕地生态的影响,往往与其生产行为有关。Griffin(1982)在研究农户行为与生态环境之间的联系时发现,农户作为理性经济人在生产中始终将自身利益放在首位,从而忽略了生产行为对生态环境带来的不良影响。Catherine Badgley(2003)的研究指出农户行为对保持土壤养分、基本农田建设、耕作方式选择、耕地污染防护等方面有着十分重要的作用,同时其行为也影响着耕地生产能力的大小。

耕地生态评价研究方法较多,张锐等(2013)、郑华伟(2015)基于PSR(压力—状态—响应)模型的耕地生态安全物元分析法、熵权可拓物元模型,聂艳(2015)基于量子遗传投影寻踪模型,崔明哲(2012)基于组合赋权法,郑华伟(2016)使用熵值法和灰色预测模型对耕地生态安全进行评价;杨蕾蕾(2010)、施开放(2013)、田玲玲(2016)基于耕地生态足迹方法,冯玉祥(2015)采用自回归综合移动平均模型(ARIMA)和耕地生态足迹方法对耕地生态承载力以及耕地可持续利用进行动态分析;唐建(2013)采用双边界二分式条件价值法的Logistic模型(又称Logistic回归模型),王瑷玲(2013)采用替代法、市场定价法等方法,束邱恺(2016)综合当量因子法、价值量评价法、市场价值法、专家评估法、生产成本法和偿付意愿法等对耕地生态价值进行核算研究。这些研究结果显示,我国耕地生态安全水平不断提高,安全等级经历了"临界安全—较安全"的演变历程;但是部分区域仍然存在

直接向耕地排放工业、生活污水，施用超量的化肥、农药，掩埋难以降解的废弃物等行为，对耕地造成严重污染。这些行为导致的不良后果包括耕地肥力尤其是有机质含量明显降低，耕地板块硬化、蓄水能力变差、土壤生物多样性降低等耕地生态服务功能减弱（田春等，2010；负蒲军等，2012）；此外，对耕地资源的过度与无序开发，缺少相关具体政策措施去实行有效的监管与治理，致使自然灾害频发，耕地水土流失严重（邹延明，2012）。其中，工业以及生活污染，过度使用农药、化肥，土地垦殖率高，水土流失严重与耕地生态污染之间的联系密不可分。

耕地除了具备生产农产品的经济价值外还具备生态保护、环境景观等生态价值（吴次芳等，2003），因此，耕地生态保护至关重要。耕地生态保护具有外部性，这种外部性最先由庇古提出，他提倡对有正外部性的活动给予补贴。随后，Westman（1977）提出"自然的服务"概念及其价值的衡量。Turner（1991）、Pearce（1994）等提出自然资本与生态系统服务价值分类理论，Costanza（1997）等为耕地的外部性测算提供了理论基础和依据。另外，有学者分别从耕地产权与评估、耕地非市场价值方向分析提出可以通过耕地补偿方式促进耕地保护行为的建议（Alterman A，2001；Jeffrey & Dorfman，2009）。德国等国家也通过法律的手段推行耕地保护行为获偿政策。丁洪建（2002）、陈菲（2004）认为应从土地生态系统出发，协调人地矛盾，维持土地生态系统的平衡。王宇等（2006）提出建立一种"耕地保护区和非耕地保护区利益互补机制"，使以上区域利益共享、良好环境共享、生态保护成本共同分担。刘尊梅等（2010）、欧名豪等（2019）提出应将生态补偿引入耕地保护经济补偿机制。白立佳等（2012）、饶静（2016）认为应加强农村水利设施建设，遵循"宜农则农，宜荒则荒"的原则推行休耕养地来保护生态环境。

（四）耕地生态补偿机制

生态补偿是在经济发展伴随着日益严峻的环境问题背景下产生的，该概念的提出可追溯到20世纪80年代，当时由于大力开发矿产资源导致了严重的环境污染问题。为了促进环境保护与生态建设任务的顺利进行，生态补偿作为一种经济手段，通过以利益为中心、补偿为纽带的方式达到提高人们参与环境保护积极性的目的。20世纪90年代，生态补偿扩展到森林资源领域，《中华人民共和国森林法》中森林生态补偿的提出为推动森林资源的保护提供了强制性的法律支撑。21世纪以后，国内学者对生态补偿的研究更加关注，研究领域主要涉及矿产资源、森林资源、流域资源、自然保护区等，对耕地资源生态补偿的专门性研究较少。

部分学者从耕地资源价值论展开对耕地生态补偿机制的研究，认为耕地资源的生态价值是制定耕地生态补偿机制的基础。李佳等（2010）认为长期以来国内学者对耕地资源价值的研究忽略了社会价值与生态价值的存在，导致耕地资源补偿标准不合理，耕地资源流失加快，因此在衡量耕地资源价值时应从经济价值、社会价值、生态价值三方面充分评估。张皓玮等（2015）以江苏省各市域间耕地资源的生态价值为依据，构建耕地生态补偿量化模型，评估了耕地生态补偿标准，对耕地生态补偿机制的构建具有指导性的作用。

目前学术界对于耕地资源生态补偿机制的研究还侧重于补偿标准与补偿方式等方面。张效军（2006）认为耕地补偿标准除了需要考虑耕地资源价值以外，还需考虑区域耕地实际盈余和赤字等情况；冯艳芬等（2009）认为耕地补偿标准在现实与理论中存在较大差距，主要体现在对补偿依据认识不全面以及耕地生态价值核算方法等方面；李晓燕（2016）指出补偿标准的合理确定是实施耕地生态补偿的重点，其研究还考虑了超载指数与居民支付能力，综合测算了耕地补偿标准；杨帆等（2016）认为耕地补偿标准的确定还涉及农户的意愿与诉求；奉婷等（2014）认为耕地保护的补偿方式应根据区域进行有针对性的选择，同时经济补偿方式的多样化发展能减轻中央以及地方政府的财政压力；张燕妮（2013）与单丽（2016）认为耕地生态补偿机制需考虑以政府补偿与市场补偿两种方式互补运行；李武艳等（2018）研究认为耕地保护补偿方式包括地力补偿、资金补偿与社会补偿，且不同能力类型的农户在保护耕地补偿方式的选择上存在差异。

（五）绿色发展

自工业革命以来，传统的经济发展模式引起了一系列的环境污染和破坏等问题，逐渐引起世界各国的关注，因此可持续发展这个概念在20世纪80年代被提出，人类发展理念实现了转变。21世纪初，绿色经济和绿色发展等概念也相继出现在世界各国关注的领域内，绿色发展与绿色经济相互联系，息息相关。2012年，联合国可持续发展大会以发展绿色经济为主题，明确了全球经济向绿色转型的发展方向，由此绿色经济和绿色发展成为全球广泛共识（郑德凤、臧正，2015）。改革开放以来，我国经济的飞速发展同样伴随着许多不容忽视的环境问题，于是在20世纪末我国经济发展方式开始从粗放型向集约型转变。21世纪以来，我国提出科学发展观的理念，追求全面协调的可持续发展，2011年我国正式提出了绿色发展理念，是“十二五”规划中的主题发展思想。绿色发展与可持续发展在思想上是一脉相承的，只是在形式上和内涵上均上升了一个层次。胡鞍钢、周绍杰（2014）的观点是绿色发展观可称为第二代可持续发展观，强调经济系统、社会系统和自然系统三大系统的相互协调统一和系统性。

国外实际上并未明确提出“绿色发展”这一概念，更多的是对“可持续发展”“绿色经济”等概念的研究，这些概念在本质上并没有明显的边界和区分。随着社会的进步与环境问题的出现，学者们很早就开始对可持续的未来社会发展进行研究。1972年，罗马俱乐部发表的《增长的极限》提出“持续增长”和“均衡发展”的口号，认为“盲目的经济快速增长将导致人类达到危机水平”[①]；Weaver（2005）持有的观点是21世纪的协调创新活动主题是资源生产率的提高，可持续发展的核心是绿色创新；Barbier（2011）认为全球绿色新政是经济复苏的重要因素并且呼吁“低碳革命”。

我国引入绿色经济概念后，国内学者广泛集中于我国实施绿色发展的内涵、战略、政策、制约因素以及对绿色经济发展水平的评价指标体系等的研究，但大多研究是基于宏观层面的绿色发展路径和应用于宏观或者区域层面的指标评价体系，绿色发展水平评价方法和评价指标体系并不完善和统一，对不同的区域和城市或者产业有着不同的评价侧重点，从交叉学科的角度来构建绿色发展评价体系的研究不多，对更高层次的绿色发展的内在机理和发展模式的研究较少。

从绿色发展的内涵上看，胡鞍钢（2012）在《中国创新绿色发展》一书中提出，绿色发展是经济、社会、生态三位一体的新型发展道路的观点，并提到绿色发展的途径、目标等；付伟、罗名灿等（2017）认为绿色发展观是一种以人为本的理念，在生产、流通、消费各个环节注重资源的集约利用，是对“绿色”的生动阐释和极致体现；王如松（2013）认为绿色发展的过程实质上相当于一种生态发育过程，建设生态文明最重要的在于形成社会人的绿色理念；李伟（2015）指出绿色可持续发展是一场变革，涉及消费、生产过程等多方面的低碳行为。

绿色发展水平的评价方法，主要是基于构建指标体系并运用数理模型计算绿色发展水平指数从而比较水平的高低，并且学者大多从区域、城市和产业等角度进行评价。李琳、楚紫穗（2015）应用主成分分析法对我国21个省（区、市）由3个维度构建形成的指标算出的产业绿色发展指数进行了比较；张攀攀（2016）运用熵权系数法评价了武汉市的绿色发展水平，选取了经济增长绿化效率在内的3个一级指标；卢银桃（2010）通过PSR（压力—状态—响应）模型构建了工业绿色发展程度分析模型，从而构建了工业绿色发展评价指标体系。另外，在更深入的研究即绿色发展的效率研究中，陈静（2015）对2005—2019年我国29个省（区、市）的绿色发展效率进行了测算，并分析了绿色发展效率的省际差异。

绿色发展道路和模式也是学者以及政府部门关注的话题，中国科学院发布的《2010中国可持续发展战略报告》中提到实现绿色发展必须首先解决国内的资源环境问题，需要靠科技的进步转变发展方式，通过绿色发展实现绿色转型；高红贵（2013）认为绿色经济是新的发展方式，需要因地制宜建立不同时期、地区的绿色经济发展模式；王勇（2015）指出社会行业减少污染排放是工业绿色转型的关键一步。

①胡明文.旅游者游憩行为对武功山森林公园山地草甸的影响及承载力研究[D].南昌:江西农业大学,2016:9.

在学者对绿色发展的政策及应用方面的研究中，陆小成（2013）通过实证研究北京城市转型问题，提出绿色发展与其转型之间的关系、重要性及政策建议；吕薇（2015）通过新视角下的绿色发展国际经验和北京、上海、深圳三个城市的经验总结为我国绿色发展提出了一些政策建议；顾朝林（2015）探讨了城市规划适应绿色发展新常态的措施和建议。

（六）简要评述

我国是有着14亿多人口的人口大国，人均占有的耕地面积长期过低。第三次全国国土调查结果显示，2019年底，我国人均耕地面积为1.36亩，不足世界人均耕地面积的40%。改革开放以来，随着我国城市化与工业化的大力推进，耕地被建设占用的面积逐渐扩大，耕地资源在数量方面受到严峻挑战。同时，我国是农业大国，耕地资源是人们生活资料来源的基础，耕地资源保护对国家粮食安全与保障农民权益具有重要作用，对维护社会的稳定及促进经济的发展具有重要意义。另外，由于耕地资源的不可再生性，其数量与质量的下降对我国耕地生态系统造成的损害难以恢复。因此，我国应实行世界上最严格的耕地保护制度，在严守耕地数量红线的基础上提升耕地质量，提高及维持耕地生态系统服务功能的多样性。农户作为耕地的直接使用者，对耕地保护效果起着关键性的作用，其中耕地保护激励机制的构建对提升农户保护耕地的积极性具有重要影响。

通过对国内外相关研究梳理发现，学术界对农户行为、农户耕地保护意愿、耕地保护补偿机制的研究日益丰富，从研究其演变路径到实证分析其影响因素，研究的领域、涉及的方法愈发繁多，但置于当前国情下，已有研究仍存在以下不足：(1)已有的关于农户耕地保护研究的核心命题仍停留在耕地数量、质量保护方面，关于耕地生态保护缺乏深入的理论及实证研究；(2)现有的关于农户耕地生态保护的实证研究停留在耕地生态评价方面，未从系统性、整体性、关联性的视角评价耕地生态保护和管理工作。

三、研究目标与意义

（一）研究目标

(1)理论目标。构建具有微观基础的农户耕地生态保护行为决策模型，探究耕地生态质量不断下降、耕地生态环境不断恶化情况下的农户耕地使用行为的决定因素，确定影响农户耕地生态保护行为的关键变量及其影响效应、过程及机理，从外部性理论和土地发展权理论两方面构建耕地保护的农户利益经济激励理论模型。

(2)实践目标。通过理论梳理和理论研究，结合实证，在耕地资源非市场价值定量评估的基础上，确定农户理论激励标准，增强农户保护耕地的积极性，为耕地保护提供新思路。

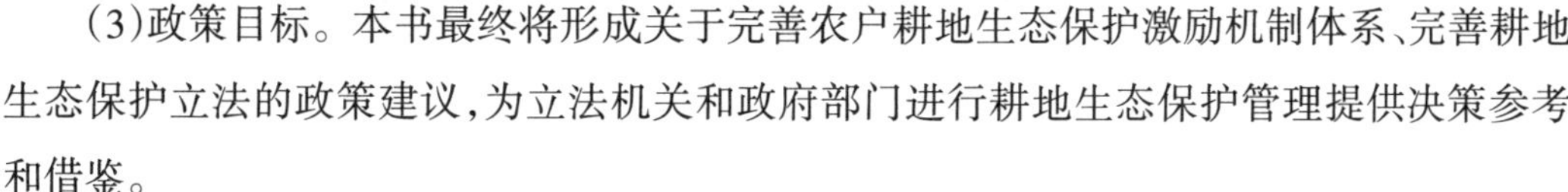

(3)政策目标。本书最终将形成关于完善农户耕地生态保护激励机制体系、完善耕地生态保护立法的政策建议，为立法机关和政府部门进行耕地生态保护管理提供决策参考和借鉴。

(二)研究意义

(1)理论意义。以农户为研究视角，将生态经济学、农业经济管理学、资源环境经济学及土地经济学等相关学科融合，从学理、法理和制度层面阐释耕地价值的内涵和外延，运用公共物品理论、外部性理论、可持续发展理论等理论构建农户耕地生态保护激励机制，结合调查的微观数据分析影响农户保护耕地行为的原因，以此补充耕地生态保护的应用手段以及耕地资源科学管理的内容。

(2)应用意义。构建农户耕地生态保护行为激励机制，不仅有利于提升农户保护耕地的积极性，还有利于丰富国民经济核算的指标体系。耕地生态保护激励机制的进一步完善对耕地参与调控国民经济持续发展具有重要的作用。与此同时，增强农户保护耕地的积极性，优化耕地质量与耕地生态环境，对提高农户的农业收入水平和确保国家的粮食安全具有重要的应用价值。

四、研究内容与方法

(一)研究内容

在耕地资源生态价值和社会价值的视角下，研究农户耕地生态保护激励机制，具体内容主要包括：

(1)我国耕地生态保护现状、存在的问题分析①。从制度执行和制度自身两方面考虑主要存在的问题，对其特征与实行效果进行总结，分析造成此类问题出现的原因以及改善实行效果的办法，明确耕地生态保护中保护主体与保护对象的权利分配与责任义务，重新看待与耕地生态保护有着密切联系的政府的角色定位。

(2)国内外农户耕地生态保护激励机制分析。从制度执行和制度自身两方面比较分析国内外农户耕地生态保护补偿制度的异同，通过总结制度的优缺点，对农户耕地生态保护激励机制进行完善。

(3)农户对耕地生态保护的意愿及影响因素分析。以重庆市作为研究区域，通过实地问卷调查与个案访谈，剖析重庆市农户耕地生态保护意愿的影响因素。另外，运用定性与

①祁可欣.论我国耕地生态补偿法律制度的构建[D].太原:山西财经大学,2017:摘要.

定量相结合的方法，明确影响农户耕地生态保护行为受偿意愿的主要因素①。

（4）农户耕地生态保护激励机制及政策制定。构建农户耕地生态保护激励机制，围绕农户、公众、政府主体间利益传导和关系协同的内在逻辑，针对主体权利实现的内在需求和瓶颈约束，从方向引导、公共服务、环境改善、要素供给等方面给出平衡不同耕地保护主体激励与约束的经济管理制度和权力实现的管理框架，以降低社会成本、经济成本，实现农民增收、粮食安全稳定增长的目标。

（二）研究方法

本书通过理论阐释与实践归纳相结合，定性与定量研究相互补充，多角度、多层次阐述农户耕地保护行为与激励机制的协同实现。具体分析方法有：

（1）文献研究法。基于制度、交易成本、物权、系统等相关理论，对国内外现有耕地保护制度和相关政策文件进行梳理，在分析其积极作用的同时找出其中的制度漏洞所在，并重点解读国家实施耕地生态保护政策的现实意义，结合价值分析法和经济学成本分析法研究农户利益驱动中的社会价值和经济效率②。

（2）问卷调查法。本书是针对农户层面的耕地保护经济激励研究，因此需要了解农户个体的耕地保护意愿及受偿期望，以重庆市为研究区，对不同地区、不同主体、不同领域、不同模式的农户耕地保护意愿及行为进行系统分析。

（3）实证分析与规范分析相结合法。结合多元有序 Logistic 回归模型、PSR（压力—状态—响应）模型等多种方法，针对当前社会和学科现实，基于基本逻辑和经验证据的实证分析，构建耕地生态保护激励机制、耕地保护共同责任机制等。

五、研究思路与技术路线图

（一）研究思路

本书围绕“耕地生态保护管理现状问题—现有政策剖析—农户耕地使用行为—农户意愿—机制构建—政策保障”的研究框架。首先，通过梳理国内外耕地生态保护政策厘清耕地生态保护的责任主体，探讨现有耕地保护政策的优劣；其次，将耕地保护责任主体缩小到农户范围，研究利益传导过程中责任主体的利益驱动因素，评价现有耕地生态保护政策绩效，提出新的农户经济激励方案和实现路径；最后，从主体培育、方向引导、环境改善、

①温丹，陈美球，邝佛缘，等.资源禀赋对农户生态耕种行为决策的影响分析[J].水土保持研究，2019，26(2)：320-325.

②王冬银.城市化进程中耕地保护经济补偿模式研究[D].重庆：西南大学，2013：11.

要素供给等方面提出对策建议、制度安排和政策组合框架。

(二)技术路线图

本书研究的技术路线图如图1-14所示。

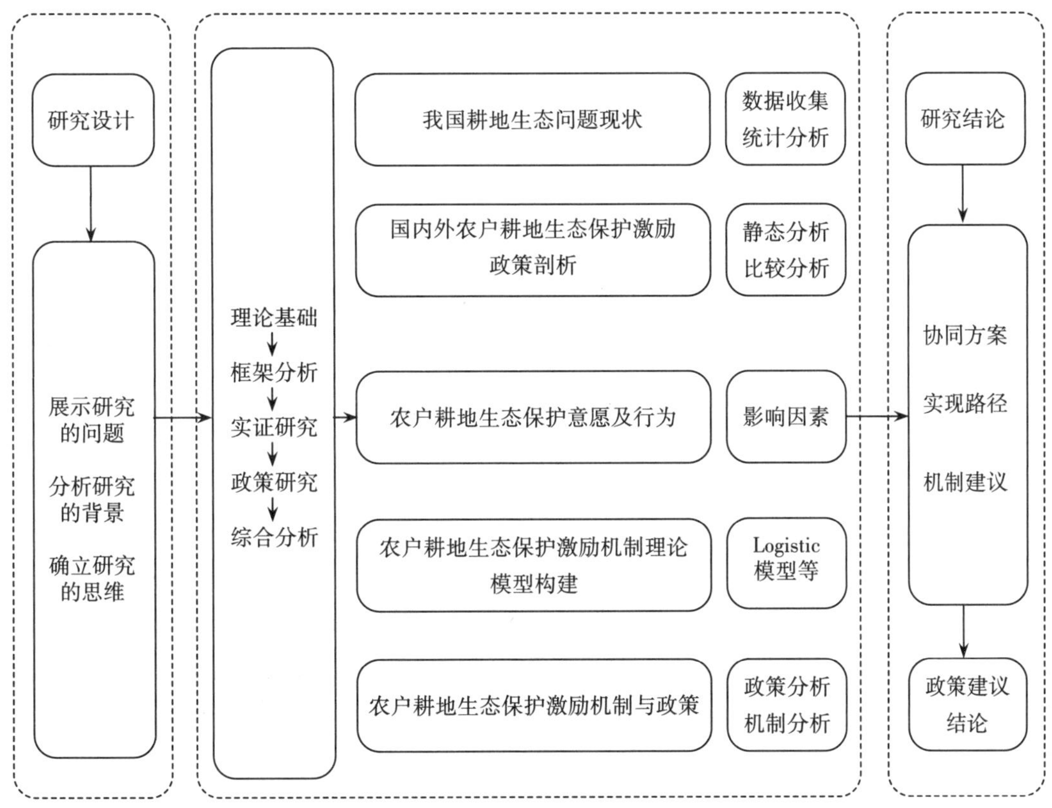

图1-14 技术路线图

第二章　概念界定及理论基础

一、基本概念与对象界定

(一)耕地

耕地作为农用地中的精华,是农业生产发展的重要物质基础(田春、李世平,2010)。关于耕地的内涵,不同学者的解释不尽相同。《土地利用现状调查技术规程》中规定,耕地包括新开荒地、休闲地、轮歇地、草田轮作地;以种植农作物为主,间有零星果树、桑树或其他树木的土地,耕种3年以上的滩涂和海涂;南方宽小于1 m和北方宽小于2 m的沟、渠、路和田埂。杜新波(2004)认为,耕地是指在当前技术条件下,为了满足人类生活和发展需要而垦殖的具有一定土壤肥力的一类特殊的土地资源,这部分土地资源具有特殊的土壤结构与质量特性,能够为农作物生长供应和协调营养条件和环境条件,在当前社会生产条件下具备或潜在具备一定的粮食生产能力。《辞海》(2009)中对耕地一词的解释是,耕地是经过开垦用以种植农作物并经常耕耘的土地。马爱慧等(2013)认为耕地是人类赖以生存和发展的物质基础,为人类提供食物、纤维等实物产品,以及开敞空间、景观、文化服务等生态服务的人工管理系统。

(二)耕地保护

耕地保护的含义多种多样,基于不同的目标,耕地保护的内容也各不相同,目前国内外关于耕地保护的含义尚未形成系统的相一致的观点[1]。

一部分学者着眼于用实证研究探究土地的数量和质量,他们认为耕地保护的主要目的是满足粮食需求,确保粮食质量的安全。毕宝德(1993)认为,土地保护就是对土地的合

①毛良祥.耕地保护补偿标准与补偿基金规模研究[D].北京:中国地质大学(北京),2013:4.

理利用和经营,使当代人得到最大的持续效益,并能保持土地的潜力以满足后代的需要。以美国芝加哥为例,保护农地的根本目的是保护家庭农场和控制发展,保障将来的食品供应(Krieger,1999)。所以要解决耕地供求之间的不平衡,还需要从解决人民物质生活需求丰富和经济快速发展对耕地需求的增加与保障稳定食物供给所需要的具有稳定可靠生产能力的耕地之间的矛盾入手(吴阳香,2006)。

(三)耕地生态保护

耕地生态系统具有的主要生态环境功能包括:调节气候、涵养水源、保持土壤、养分循环与持留、净化环境、保存物种基因、景观愉悦[①]。耕地生态系统所发挥的生态功能是耕地生态保护的重要基础。关于耕地生态保护的内涵,学术界存在不同的看法,其中,耕地资源环境安全是人类赖以生存和发展的必需条件,耕地生态系统须处于安全或不受威胁的健康、平衡状态。耕地生态保护需要维持耕地生态平衡,使生态环境保持健康状态,以保证耕地可持续利用,包括维持耕地地力,防止耕地污染,预防耕地沙漠化与水土流失、土壤肥力下降等耕地退化现象,严禁过度利用耕地,保护周边生态环境等[②]。从本质上来说,耕地生态安全是在一定的时空尺度范围内,耕地数量、质量和生态保护三者的有机统一。耕地生态保护表面上指维持耕地数量和质量,其中数量保护是耕地生态保护的前提和基础,质量保护是耕地生态保护的核心;耕地生态保护根本的含义和目的是指与耕地相依存的生态系统结构和功能的保护,及其与周边环境的协调性。因此,应以耕地生态保护为根本目标,实现耕地数量、质量、生态"三位一体"保护。

(四)耕地生态保护激励机制

耕地生态保护激励机制以经济手段调节耕地相关主体之间的利益关系,保护耕地生态系统。例如,欧盟提出的农业环境管护制度以及美国的耕地休耕和自然资源保护制度,皆是政府给予资金补贴,以农户为主体,实现较为有效的耕地质量提升和管护。山东东营鼓励各地统筹安排财政资金,对承担耕地保护任务,且不使用化肥、农药,实施轮作休耕,或其他耕地生态保护效果显著的农村集体经济组织和农户给予奖补[③]。奖补资金主要用于农田基础设施后期管护与修缮、地力培育、耕地保护管理等。总之,从激励性管制的法学定义的角度出发,结合"激励"在经济法学科领域里的含义,"激励性耕地保护制度"的内涵是:国家通过市场化的规则设计,运用经济手段,适度引入国家宏观调控措施,调动耕地保护主体的积极性,针对耕地正外部性的生产者即农民及农村集体经济组织进行正向激

①霍圣夫.哈尔滨市耕地非农化增值收益分配研究[D].哈尔滨:东北农业大学,2015:5.

②王鑫.基于流域景观结构的山区县域生态风险评价[D].泰安:山东农业大学,2018:4.

③张月锐,李香颖,李复恩.建立黄河三角洲生态补偿机制研究——以山东省东营市为例[J].中国石油大学学报(社会科学版),2011,27(6):37-42.

励，彰显耕地的正外部性，促进耕地正外部性的生产。①

（五）绿色发展

绿色发展最初来自绿色经济，绿色经济的概念由大卫·皮尔斯在《绿色经济蓝图》中首次提出，该书中指出经济的发展必须以人类生存的自然环境以及人类自身的承受能力为限度②，从而避免产生盲目追求生产规模增长导致社会不稳定的现象。从环境保护的角度出发，绿色经济是在经济发展的过程中充分利用科学技术，积极开发、使用绿色能源和再生能源，实现经济与环境的协调发展。2002年，联合国开发计划署（UNDP）首次提出了绿色发展的概念，其认为绿色发展就是强调经济发展与生态环境保护相互协调、相互统一，这是一种具有可持续性理念的发展模式。

国内绿色发展领域的第一人胡鞍钢将绿色发展定义为一种新型的发展道路，这种道路以经济、社会、生态为一体，其主要的特征是适度消费、低消耗、低排放、生态资本持续增加，其基本途径是绿色创新，最终实现绿色财富不断积累、人类绿色福利不断充裕的根本目标。多年来，国内对于绿色发展概念的解释经历了一个由浅到深、由现象到本质的过程，总的来说，绿色发展是一种不同于传统发展的、考虑资源环境承载力的可持续性的发展模式。

二、理论基础

（一）绿色发展理论

工业革命开始以来，人类社会对发展内涵的认识在不断改变，在不同的经济发展阶段、发展背景之下，形成了不同的发展理论（见表2-1）。工业革命之后，形成了传统发展观，这种发展理论在工业技术的支撑下，依靠资本的不断积累以及资源、能源的高消耗，并伴随着生产不断增长过程中形成的过度消费，来实现物质财富增长的目标。传统发展观对财富的盲目追求对资源环境产生了巨大的危害，同时也降低了人类社会的福利水平，这是一种不可持续的发展模式。在全球资源环境日益严峻的背景下，为了营造良好的发展环境，绿色发展理论逐渐产生、发展，其内涵不断地扩充和完善。对绿色发展理论的认识，重点主要在两个方面：一是在推动经济发展的过程中，要注意经济活动对生态环境、资源带来的影响，减少对资源的消耗，减少污染物的排放，注重对环境的保护；二是改变经济增

①王子涵.激励性耕地保护制度研究[D].重庆：西南政法大学，2015：6-7.

②李师源.中国推进绿色"一带一路"合作建设研究[D].福州：福建师范大学，2019：6.

长的方式，运用清洁生产技术发展绿色工业，利用技术的创新来实现经济健康增长的目标。

表2-1　发展理论的演变

时间	发展理论	理论特征
工业革命时期	传统发展观	高污染、高消耗
20世纪80年代	可持续发展	经济、社会、生态三位一体
21世纪	绿色发展	低耗能、清洁技术

刘纪远等（2013）提出，绿色发展要从区域层面出发，层层落实，最后实现国家层面的绿色转型。区域的绿色发展是指以绿色为核心，在发展过程中，保护环境，通过科学的发展方式，合理地配置与利用区域内的资源，实现人与自然的和谐共生。由于不同区域的特性不同，发展模式也存在差异，因此在不同阶段、不同地区要实施不同的发展战略。中国西部地区占地面积较大，拥有重要的能源资源和丰富的生态资源，具有强大的生态服务功能，但西部地区面临经济发展落后的局面，因此需要探索新的发展方式，促使西部地区在维护生态系统稳定的前提下，实现绿色发展。王玲玲、张艳国（2012）认为绿色发展理论由绿色环境发展、绿色经济发展、绿色政治发展、绿色文化发展等细分部分组成，可从不同的角度出发去解读绿色发展理论（如表2-2所示）。

表2-2　绿色发展组成部分及性质

绿色发展子系统	性质
绿色环境发展	自然前提
绿色经济发展	物质基础
绿色政治发展	制度保障
绿色文化发展	精神资源

2015年，在党的十八届五中全会第二次全体会议上，习近平总书记鲜明地提出了创新、协调、绿色、开放、共享的发展理念。此处的绿色发展蕴含着对生态文明的追求，坚持进行生态环境防治，应对全球面临的能源安全、气候变化问题。

农业的绿色发展是贯彻新发展理念、推动农业高质量发展的必然要求。19世纪中叶以来，伴随着农业机械化的逐步推进、农药化肥的投入使用，农产品的产量得到了明显的提升，但化肥、农药的过度施用，使耕地质量下降，因此要推动农业的绿色发展，保护耕地资源成为一项重要任务。在绿色发展观的指导下，耕地数量和质量下降的问题得到了一定程度的改善。通过推行节肥节药技术、轮作休耕制度，耕地的生态环境得到提升，但目前的耕地状况仍然存在着一系列的遗留问题。国内的化肥农药施用量依旧过高，给耕地安全带来了较大的威胁,需要不断地贯彻绿色发展理念。2017年《农业部关于实施农业绿色发展五大行动的通知》提出,启动以果菜茶有机肥替代化肥的行动,从建设示范区出发,引导农民以及新型经营主体积造和施用有机肥,形成一批可复制、可推广的运营模式,再因地制宜,逐步扩大范围,有序地推进耕地的绿色发展。

(二)可持续发展理论

关于可持续发展理论,众多专家学者都对其内涵以及定义作出了相应的诠释,在国际上,对可持续发展理论的定义已经超过了一百种。

18世纪,经济学研究就开始关注发展的可持续性问题,在这之后,涌现出了众多理论和成果。经济学研究的主要课题是如何对稀缺资源进行合理的最优配置,因为资源具有稀缺性,表现在它的自然有限性和再生资源的再生速度相对于人类无限的欲望增长速度的相对有限性。较早关注和研究资源稀缺性的经济学家主要有马尔萨斯、大卫·李嘉图、约翰·穆勒等人,约翰·穆勒认为资源存在绝对极限,但是社会进步和技术革新可以拓展及延伸这一极限,并首次注意到子孙后代的资源利用问题①。马尔萨斯在《人口原理》一书中提出了自然资源存在极限的思想以及在学术界具有影响力的人口论,马尔萨斯从物理数量以及经济两方面来看待资源,资源的数量是有限的,所以从经济角度而言,资源是稀缺的,如果人类没有意识到自然资源的稀缺性而使得自然资源被大量消耗,那么资源和环境的破坏会给人类生存带来严重的危害。大卫·李嘉图认为自然资源不是均质的,自然资源不是绝对稀缺的,自然资源在经济上的利用也不存在绝对的极限,只要通过先进的技术,就可以提升土壤的质量,并且可以通过农业机械化来提高土地的产量。所以,他认为土地资源的相对稀缺性对经济发展带来的约束并没有很大。②但同时,他还提出了分工和技术进步使工业生产中存在着规模报酬递增的现象,土地资源被利用完之后,资本积累率对劳动的需求会下降,农业的规模报酬递减会压过工业的规模报酬递增,所以整体经济的增长速度会放慢,直到进入资本和人口增长的停滞状态。19世纪70年代,新古典经济学派转变了研究的重心,从原来研究资源稀缺程度和经济增长的关系变为研究在资源稀缺背景下,如何实现不同资源配置下的帕累托最优③。新古典经济学派更加关心在利用资源过程中所产生的边际成本以及获得的边际收益,并且他们认为不同的资源具有不同的特点和属性,不能简单地统一化处理,需要对特定的资源如可再生资源、不可再生资源等逐个展开研究。新古典经济学派对可持续发展持乐观态度,他们认为市场机制可以解决资源和可持续发展之间的矛盾,由于价格机制的存在,一种资源越稀缺价格越高,从而使利用该

①罗利娟.成都市耕地保护与粮食安全相关性及走势研究[D].成都:西南交通大学,2012:14.

②刘仁忠,罗军.可持续发展理论的多重内涵[J].自然辩证法研究,2007,23(4):79-82.

③郭杰.木垒县矿产资源开发利用研究[D].乌鲁木齐:新疆农业大学,2014:5.

资源的成本升高，这会促使人们寻找这种资源的替代品或者发明节约这种资源的技术①。20世纪六七十年代，罗马俱乐部用物理量推论和判定增长的极限时，在方法和结论上都令人惊讶，从而引发了经济学家对发展极限的关注，此后，众多经济学家继续研究发展的持续性问题，提出了许多观点和思想，形成了生态经济学、发展经济学等多种学科。可持续发展从理念走向实践还需要考虑一个关键问题，即可持续发展的指标和评价方法，从而从可量化和可操作的角度来判定可持续发展的水平②。如果缺乏合理有效的指标来衡量可持续发展的能力和水平，就难以考察可持续发展的方向和效果，从而无法指导可持续发展的实践，对此也有相关理论聚焦这个方面，如有学者指出可通过修正传统的GNP指标来反映环境资源的状况，以更真实地衡量经济发展的水平。萨缪尔森（P. A. Salmuelson，1973）提出用纯经济福利（NEW）的概念去替代GNP指标。NEW从两个方面对传统的GNP作出修正：一是用传统的GNP减去阻碍国民福利增长而带来损失的费用或者是折合的价值，例如环境污染对社会造成的损失、交通拥堵等③；二是对传统的GNP进行补充，加入一些非市场价值的物品和劳务，例如家庭妇女的家务劳动等。以NEW为基础，戴利（H. Daly，1989）提出了GNP指标的修正方法：SSNNP=NNP-DE-DNC。其中SSNNP（Sustainable Social Net National Product）是可持续的社会净国内生产总值；NNP（Net National Product）是国民生产净值；DE（Defensive Expenditures）是防御性支出；DNC（Depreciation of Natural Capital）是自然资产折旧。

耕地是农业生产中不可替代的生产要素，耕地除了能直接养育各种动植物，提供满足人类的衣食住等基本生活需要的农副产品外，还有美化环境等方面的功能。耕地的可持续性主要表现在耕地利用中“数量”和“质量”的永续性，在经济学、社会学、生态学上各有其具体内涵。经济学上是指在存量保持不变的基础上，耕地利用持久效益达到最大化。社会学主张人类在利用耕地时拥有公平的权利和机会。生态学侧重在耕地利用过程中不仅要有较高的经济效益，而且要使耕地生态系统保持较高的生产力④。总之，要想实现农业可持续发展，就必须以耕地的可持续利用为基础，要求耕地可持续利用的目标必须具体化到每个微观个体农户的用地行为。这需要国家或者当地政府从制度建设上正确地调节人们用地行为的利益动机和决策信息来对农户的行为进行积极引导。只有这样才能有效落实耕地的可持续发展，这对我国农业经济发展具有非凡的意义。

---

①田辉玉，罗军，黄艳．可持续发展理论探究[J]．湖北经济学院学报（人文社会科学版），2006，3(6)：11-13.

②范柏乃，邓峰，马庆国．可持续发展理论综述[J]．浙江社会科学，1998(2)：42-46.

③王柳．两型社会评价指标体系研究[D]．长沙：湖南大学，2009：7.

④肖泽干．农户参与耕地保护的意愿、行为选择及其激励机制——以江西省新建县为例[D]．南昌：江西财经大学，2013：10.

(三)农户行为理论

农户行为理论中的一个著名学派是我国的历史学派,以学者黄宗智为代表。他研究了我国1949年前后一段时间内的农业发展以及农业结构的变化情况,认为我国的农业发展长期处于一种“没有发展的增长”的常态中。他分析了产生这种现象的根本原因是我国农业发展长期滞后,非农产业就业机会较少,农业劳动力投入机会成本较低,加上人口的自然增长,各方面都导致我国农村劳动力长期供给过剩,从而农业劳动投入边际报酬不断降低。黄宗智还认为历史原因导致的人多地少、家庭经营规模有限等也是我国农业发展缓慢的原因。由于黄宗智等学者从历史的角度解释了我国农户生产经营行为中表现出的低效率等特征,后来学者们把类似的这种观点统称为历史学派。在当前我国经济高速发展、农民投资能力和素质以及非农业的职业就业机会增加的背景下,农户生产经营行为的理性特征表现得非常强烈,所以,在对农户耕地保护行为的探究过程中,理应更多地运用舒尔茨的理性小农理论来进行相关的研究和分析①。

在耕地利用方式的选择上,农户是理性的,其目标是效用和经济利益最大化。具体来看,农户种植农作物的时间、数量、种类、耕种的次数、播种灌溉方式及收割的时间、工具选择、役畜及机器设备的配合等,都会被合理地考虑进边际成本和边际收益,他们在自己的小型、独立的空间里,把大多数生产经营活动安排得很有合理性和效率。②然而,在耕地利用效用最大化原则下,农户选择利用耕地生产的方式可能会与农田基本保护要求相冲突。他们可能会抱着尽快解决温饱和尽快致富的心态,只重视眼前利益而没有考虑长期利益,对耕地资源进行掠夺式经营。特别是在土壤肥力的改良方面,由于改良土壤所带来的产出对于投入来说在时间上具有滞后性,它对作物产量的提升效果需要很长时间才能在经济效益上面表现出来,并且农户的生产经营大都为“小本经营”,不多的资金限制着他们只能着眼于资金回报,迫切要求增加耕地的近期使用频率,而忽视对耕地生态情况的长期考虑。于是,农户不科学的土地利用造成土壤污染、侵蚀、盐碱化及水土流失,严重损伤土地的长期生产力。另一方面,随着我国经济增长速度不断加快,城镇化和工业化的速度也在加快,许多农户以进城务工的收入作为主要经济来源,土地的经营对他们来说已经不是唯一的选择。但由于农村社会保障的不完善,耕地仍是农户最后的基本生活保障,表现为大多数农户对耕地进行兼业化经营,即农户把农业作为副业,转而把主要精力和资金投入到其他产业,不像以前对耕地进行精耕细作,而对耕地进行粗放式、掠夺式甚至撂荒式利用。这减少了农业投入,限制了粮食产量的提高,导致了耕地质量的下降。另外,由于农业经营带来的比较利益低下,耕地的预期收益较低,这对农户对耕地的投入也产生了较大的影

①秦牧.“农超对接”视角下的新疆农户参与行为研究[D].乌鲁木齐:新疆农业大学,2018:10.

②王利敏.基于农田保护的农户经济补偿研究[D].南京:南京农业大学,2011:74.

响。由于预期影响农业生产情况的因素处于不规律的变化之中,给农户带来行为的非持续性和收入的不可预测性,这种情况对耕地的保护性利用是很不利的。最终可能造成农户投资行为乏力,对农业投入尤其是对固定资产投资较少(投资主要集中在短期见效的生产要素如农药、化肥上,而鲜有建造和保护农业基础设施),于是耕地生态环境恶化,耕地生产能力趋于弱化。

(四)激励理论

激励就是一个有机体在追求某种既定目标时的愿意程度。弗鲁姆(Vroom)把激励定义为对个人及低层组织就其自愿行为所做的选择进行控制的过程。该概念应用于管理领域的时候即生活中我们常说的调动人的积极性,它可以引导人们朝着预期的目标行动,是一种有效的干预和控制人类行为的方式①。激励理论是行为科学中用于处理需要、动机、目标和行为者之间关系的核心理论。行为科学领域认为,人的动机来自需要,而且通过需要来确定人们的行为目标。薛恩指出,人性具有复杂性,由于个体之间的差异性,人不只是"经济人"也不完全是"社会人",人们的需要有各种类型,并且会随着时间、发展阶段、扮演角色等的变化而发生变化,于是一系列围绕人类需要展开探索的激励理论发展了起来。激励活动,起着激发、驱动和影响人的行为举止的作用。人们采取某种行为所获得的激励力量取决于他对此行为结果的价值评价以及内心预期达到该结果的可能性大小②。

激励的过程主要有四个部分,即:需要、动机、行为、绩效。首先是需要的产生,如果在个人内心引起一种不平衡状态,这个人就产生了行为的动机。个人通过激励,按照组织目标去寻求和选择满足这些需要的行为,最后就达到了组织目标和个人目标在客观上的统一。美国社会心理学家亚伯拉罕·马斯洛提出需求层次理论,将人的需要分为五个层次,即生理的需要、安全的需要、社交或情感的需要、尊重的需要、自我实现的需要。这意味着人的需要都有层次性,当某一层需要得到满足后,才出现另一层需要。如果人的一切需要都未能得到满足,那么满足最底层的需要就比满足其他需要更迫切,当最基本的需要得到充分的满足后,后面的需要才显示出其激励作用。农户作为一个理性经济人,他的行为动机来源于家庭利益最大化,同时受其他因素的影响,他的行为动机影响着其行为态度和生产经营行为的选择。作为耕地最直接的使用者和管理者,农户应该直接地积极地参与耕地保护工作,这就需要政府部门制定激励机制,采取有效的激励手段满足农户最为迫切的需求,让农户把耕地保护行为变成自觉行动和内心自愿的需求,从而使政策发挥最大的效果。

基于此,对农户行为的激励措施,应该充分考虑以下两个因素。(1)激励强度。例如:

①唐振宇.中国电力技术装备有限公司营销组织优化研究[D].北京:华北电力大学,2014:11.

②任婷婷.论大学生思想政治教育中典型教育的目标选择[D].太原:山西师范大学,2010:33.

退耕还林生态补偿的措施，目标是引导农户朝着有利于耕地生态保护的方向选择生产行为，提高农户植树造林的积极性。在实施过程中，应该让农户觉得从事林业不会造成经济损失，而是"有利可图"的，所以应注意补偿的激励强度，合理地确定补贴标准，因时因地根据劳动力等要素投入成本的变动调整补贴标准，确保政策对农户的激励有效强度适宜，这样才能使农户的还林积极性得到提高。(2)激励手段。农户的经营目标与政府改善耕地生态环境的社会目标并不一致，所以在给予现金激励的同时，需要综合运用信贷、财政、保险等多种激励手段。例如，既要提高补贴标准，又要稳定林产品价格，以保证农户长久参与生态保护的积极性。

(五)博弈论

博弈论又被称为对策论，最早被用于研究游戏，是一门战略科学，主要研究人们的策略互动行为[①]。1944年，冯·诺依曼和摩根斯坦出版合著《博弈论与经济行为》，为博弈论的发展提供了理论基础。博弈论既是现代数学的一个新分支，又是运筹学的一个重要范畴[②]。从当前的发展情形来看，博弈论涉及的领域越来越多，应用也越来越深入。20世纪50年代以来，纳什、泽尔滕、海萨尼等人对博弈论的内容进行了丰富，博弈论最终发展成熟并进入应用阶段。纳什在1950年发表的《N人博弈中的均衡点》和1951年发表的《非合作博弈》中均提出了"纳什均衡"，虽然在纳什之前有许多经济学家已经开始对博弈论进行研究，但纳什从数学的角度证明了混合策略均衡的存在性，而均衡思想是博弈论的重要思想，所以纳什是博弈论发展的先驱，自他开始，博弈论逐渐被人们知晓，并应用于不同领域，不断发展起来，获得了更多、更深层次的内涵。1965年，泽尔滕在博弈论的分析方法中引入了动态分析，提出了"子博弈精练纳什均衡"和"逆向归纳法"。1967年，豪尔绍尼在博弈论的分析中加入了信息不完全性理论，解释了"贝叶斯-纳什均衡"，建立了不完全信息博弈的基础理论框架。1991年，弗得伯格和泰勒尔提出了"精练贝叶斯-纳什均衡"。从博弈论的发展过程来看，纳什均衡理论得到了众人的补充，关于均衡的探索越发深入。

所谓博弈，在英文中名为Game，直接翻译过来就是游戏、竞技之意，即博弈论就是游戏理论。博弈论是指理性的决策主体在策略性环境中的行为发生过程或相互作用过程中，如何进行策略性选择以及得到合作策略性均衡，主要研究如何在人们各自寻求自身利益最大化的情况下，实现均衡。

研究博弈论要先理解博弈论的关键要素。第一，博弈的参与人。参加博弈的人也就是进行博弈的决策主体。在每一场博弈中，每一个具有决策权的参与人就成了博弈的局

①周熠.象棋竞技与改革的博弈论分析[D].武汉:武汉理工大学,2007:1.

②刘煜,刘进,李卫丽,等.博弈论教学中如何开展课程思政[J].科教导刊,2021(12):131-133.

中人。只有两个局中人的博弈是“两人博弈”，局中人多于两人的博弈称为“多人博弈”①。第二，参与人的策略。即在博弈中可供参与人选择的行动或者方案。在每一局博弈中，参与人都选择了实际可行的完整的行动方案。第三，参与人的支付。在不同的博弈中参与人能从中获得一定的效益，此处的效益就称为参与人的支付。需要注意的是，此处的支付与付出是不同的含义，此处的支付更多时候表示的是获得。参与人的支付不仅与自身选择的策略有关，还与其他参与人的选择有关，即与所有参与人取定的策略组合有关。第四，对博弈的参与人来说，存在着博弈的结果。第五，均衡。博弈中所谓的均衡，即纳什均衡，是一个稳定的博弈结果。

研究博弈论的一个关键点便是寻找纳什均衡。随着“博弈均衡偶”概念的提出，研究者便开始进行纳什均衡点存在性的证明。“博弈均衡偶”是指在有两个参与者的零和博弈中，参与者A采取其最优策略a^*，参与者B采取其最优策略b^*，在这样的情况下，如果参与者A改变原来的策略，采取另一种策略a，那么参与者A的支付不会超过原来采取策略a^*的支付②。同理，对参与者B来说也会得到一样的结果。因此，一对均衡策略a^*(属于策略集A)和策略b^*(属于策略集B)称为均衡偶，对于任何一个策略a和策略b，总有：偶对$(a, b^*) \leqslant$偶对$(a^*, b^*) \leqslant$偶对(a^*, b)。这样，任何具有有限纯策略的二人博弈至少有一个均衡偶，称之为纳什均衡点③。

由于博弈论本身的理论优势，其逐渐在经济学领域中得到重要的应用，成为前沿性的学科。博弈论建立起了一个内容丰富、逻辑合理、体系完善、贴近现实的经济学分析体系，博弈论在经济学中的应用提升了经济学研究的深度和广度，使经济学的分析与现实更加贴近，为经济学研究注入了新的活力④。博弈论在经济学中的具体应用可以通过以下两个模型来表现。

(1)囚徒困境。1950年，梅里尔·弗勒德和梅尔文·德雷希尔提出了困境理论，艾伯特·塔克以囚徒作为主体进行了阐述，因此该理论被称为囚徒困境。在市场经济中，企业之间面临着竞争，但竞争会带来囚徒困境，通常情况下，在同类型企业中会产生价格大战，如果一方企业进行降价，另一方企业为了自身的市场份额不受损，也只能选择降价。在这种竞争环境下，最有效的走出囚徒困境的方式是合作。合作能给双方带来更高的利益，同时合作也可能面临着被同伴背叛的风险。要降低这种风险就需要采取道德约束、制度规定、信息披露等措施。

①周熠.象棋竞技与改革的博弈论分析[D].武汉：武汉理工大学，2007：1.

②张春凯.武汉市公共住房金融支持研究[D].武汉：华中科技大学，2009：14.

③汤浩俊.我国水泥产业市场特征以及企业间博弈[D].上海：复旦大学，2013：12.

④张鑫.微观经济学中的博弈思想[J].中国证券期货，2012(3)：160.

(2)智猪博弈。1950年,纳什提出智猪博弈。假设在一个猪圈中,有一大一小两只猪,在食槽的另一边按下按钮,食物才会被放入食槽。假设每次落下10份食物,且两只猪都有智慧,那么一只猪按下按钮之后,另一只猪一定会去抢食物①。由于按钮离食槽有一定距离,因此,当按下按钮的猪赶到食槽时,食物一定减少了。现在仅讨论三种情况。若大猪去按按钮,小猪会等在食槽旁,那么大猪和小猪的进食量比例为5:5;若小猪去按按钮,大猪会等在食槽旁,那么大猪和小猪的进食量比例为10:0,在这种情形下,食物全部被大猪获得;若两只猪都不选择按下按钮,那么两只猪的进食量比例为0:0。智猪博弈的矩阵如表2-3所示。

表2-3 智猪博弈矩阵

博弈行为		大猪	
		按下按钮	等待
小猪	按下按钮		(0,10)
	等待	(5,5)	(0,0)

注:大猪、小猪同时按下按钮,不存在"搭便车"的情况,双方都付出了成本,此处简化了假设。

由表2-3可知,就小猪而言,等在食槽旁有机会获得食物,去按下按钮则可能没有食物,所以小猪的优势策略是等在食槽旁。就大猪而言,按下按钮就有机会获得一半食物,等在食槽旁则可能没有食物,所以会形成大猪按按钮的情形。这就是一种"搭便车"的现象。在现实中,例如股票市场就存在这种现象,大户进行投资前会对股市进行专业技术分析,而散户可以跟进大户的投资,这对散户来说就是最好的策略。

在耕地保护中,由于涉及各方利益之间的摩擦,也存在着博弈的行为,因此需要通过博弈理论来分析耕地保护中各方的行为。耕地保护博弈的主要参与人有三方,分别是农户、地方政府以及中央政府。中央政府既是耕地保护政策的制定者、实施者,也是耕地保护政策的监管者。中央政府需要投入资金进行耕地情况的调查,并根据实际情况制定相应的政策措施,再投入费用用于具体措施的执行。例如,在耕地生态保护中,中央政府需要给农户等经营土地的人提供相应的补贴,得到的收益主要是耕地质量提升从而粮食增产,农村发展环境改善,这需要权衡投入的费用和获得的收益之间的大小。地方政府是耕地保护政策的具体执行者。地方政府在执行政策指令时,需要投入相应的财政费用,还可能面临建设用地面积缩小所带来的利益减少问题。地方政府可获得的收益仅仅在于农产品产量的提升以及政府绩效带来的荣誉,在耕地保护中收益可能会小于投入,因此地方政

①任可.博弈论视角下的高校合作学习研究[J].文教资料,2014(32):139-140.

府参与耕地保护的意愿相对更低。

（六）公共物品理论

在西方经济学中，物品有私人物品和公共物品之分。公共物品指那些既不具有排他性也不具有竞争性的物品。其中排他性指只有对商品支付价格的人才能够使用该商品；竞争性指如果一个人已经使用了某个商品，那么其他人就不能再同时使用该商品①。在现实生活中，符合上述非排他性和非竞争性特征的物品都属于公共物品，因此公共物品不仅能免费提供给人们使用，而且在一个人使用的时候也不影响他人的使用。

耕地生态系统服务就是典型的公共物品，它不仅具有净化空气、保持水源等生态作用，还能为人们所利用，生产各种粮食谷物从而制造出农产品提供给社会，这属于消费者不能影响其他人去使用和消费的外部经济影响。正因为公共物品的特性，出现了“免费搭车者”，他们不想支付任何费用就想享受物品和服务，也没有其他消费者与之竞争，导致市场失去竞争，引起土地市场的失灵，没有有效地配置耕地资源。

基于耕地保护所产生的社会效益和生态效益能被某一区域、某个国家甚至其他国家所享用，具有明显的非排他性和非竞争性特征。当出现耕地资源不变但人口不断增加或者人口不变但耕地资源不断减少的情况时，耕地资源产生的社会效益和生态效益就会出现供给不足或过度使用的现象，同时，对耕地资源生态效益和社会效益的消费可能出现“搭便车”行为，会影响这个公共物品供给者——农民们的积极性。因此，为了确保耕地资源生态效益和社会效益的正常供给，应给予耕地保护主体即农户以经济补偿，以此解决耕地保护积极性缺乏的问题②。

在耕地保护过程中，一些基础设施如大中型农田水利设施等是具有公共物品特质的，须在公共物品理论的指导下，应对出现的非竞争性和非排他性所引起的问题。政府和村集体经济组织可通过统筹协调的方式，来解决此类设施可能会出现的供给不足和低效的问题。

（七）外部性理论

外部性理论发展至今不到一百年，但已有较多的发展成果。外部性，亦可叫作外部影响、外部效应、溢出效应等。在外部性理论的发展过程中，主要的代表人物有马歇尔、庇古以及科斯。1890年，马歇尔在《经济学原理》中提出了“外部经济”，这是外部性理论的开端，文中提出“生产的扩大依赖于产业的普遍发展”，这便是外部经济。1924年，庇古在《福利经济学》中提出了“外部不经济”的概念，并按照资源最优化配置的原则，运用边际分析法，提出了边际社会净产值和边际私人净产值的概念，最后形成外部性理论。20世纪

①宁恽营.我国退耕还林（草）补偿机制研究[D].长春：吉林大学，2010：3.

②马文博.利益平衡视角下耕地保护经济补偿机制研究[D].咸阳：西北农林科技大学，2012：21.

60年代，在《社会成本问题》中，科斯认为如果交易费用为零，那么无论初始权利分配给哪一方，最后资源总能够实现最优的配置，不会存在社会成本问题，"科斯定理"由此诞生。

当前在耕地的使用中，还存在着诸多问题，虽然已经采取了相关措施进行整治，但化肥、农药施用量依旧偏高，给土壤带来了较大的压力，化肥、农药的大量施用以及耕地低效利用给农业生产的生态环境带来了严重的负外部性。耕地给整个社会带来的正负外部性难以通过市场机制调节的方式对有相关经济行为的农户进行合理的补偿或惩罚①。外部性理论为建立耕地保护补偿机制提供了原因和基础。如该理论所揭示的，由于耕地是一种公共物品，耕地保护产生的一些效应具有强烈的外部性，因此在耕地保护制度设计中需要考虑量化或显化耕地保护的外部性，使耕地保护者因耕地保护所付出的成本和所获得的收益相平衡，以提高农户保护耕地的积极性。因此此类问题需要合理地科学地根据外部性相关原理和方法加以协调和研究来解决，即对农户具有正外部性的耕地保护行为进行激励和奖励，对农户具有负外部性的耕地利用相关行为进行约束。同时还要关注耕地资源生态价值的正负外部性的测算，将保护耕地带来的收益或者破坏耕地带来的成本进行测算，作为补偿的依据。但是由于耕地外部性的价值十分复杂，难以量化，并且目前对其价值的量化主要集中在正外部性价值的测算，负外部性价值测算的关注度较低。未来开展生态价值补偿工作时，应综合考虑耕地资源的正负外部性价值，考虑施用农药、化肥等对生物多样性、生态环境安全等生态价值的影响②。

作为生产和消费的"副产品"，外部性能独立于市场机制之外，在这样的情况下，生产者和消费者被允许在作出决策时可以忽视外部性，市场机制就不能通过价格机制来纠正成本与收益的偏差。外部性的根源是市场无法对其进行定价，外部性之所以缺乏一种市场机制，是因为没有一个制度基础(朱启才，2004)。当私人成本和收益不同于社会的全部成本与收益时，这往往是由于交易成本造成的(柯武刚、史漫飞，2000)。如果核算私人经济行为造成的全部后果并将其归为财产所有者的成本过高，人们就没法一一定价，将他们所造成的所有的成本向每个人收取费用。这种具有很高的排他成本而不可能轻易地排除使用者的场合，还会出现共同品(张效军，2006)。该理论放在耕地保护上来看，耕地保护的正外部性——社会效益和生态效益，完全满足上述的正外部性的特点，即耕地保护所产生的社会效益和生态效益由全社会成员共同享有，但其成本仅由耕地生态保护者的主体即农民来承担。因此，从公平的角度看，有必要对农民保护耕地的外部效益进行补偿。这

①牛影影.粮食主产区农户耕地保护政策认知对其行为的影响研究——以河南滑县为例[D].咸阳：西北农林科技大学，2018：19.

②马文博.耕地资源外部性价值空间异质性与生态补偿研究评述与展望[J].郑州轻工业学院学报(社会科学版)，2019，20(4)：87-94.

不仅能体现社会分配的公平，还能激发农民保护耕地的积极性，对促进耕地保护措施的实施具有重要意义。此外，我们还应该从区域平衡的角度看耕地保护的外部性及其补偿，即耕地保护的区际外部性。我国国土规划将土地划分为限制开发区（耕地保护区）和土地开发区。耕地保护区作为生态、社会效益输出地不能通过竞争性和排他性来实现自己的利益，而土地开发区“搭便车”免费享有耕地保护的正外部性效益，不需要承担耕地保护区的成本（陈会广，2010）。所以，从地方公平的角度考虑，也应对耕地保护进行区际补偿。

第三章　国内外耕地生态保护政策现状分析

一、国外耕地保护政策

（一）美国耕地保护政策

美国对耕地保护的激励政策，始于1929—1933年的大萧条时期，由于农产品大量过剩，美国出台了《农业调整法》，该法案以对农场主进行直接补贴的方式，促使其自愿对耕地进行休耕，在减少了农产品产量的同时，也保护了耕地的地力。1934年，由于过度的农业开发，中央大平原的植被和土壤遭到严重破坏，造成了美国"黑风暴"事件的发生，危及农业生产。次年，美国农业部土壤保护局颁布了《土壤保护法》，该法授权土壤保护局以项目的方式激励和支持农民参与土壤保护，并为农民提供土壤保护教育、示范和技术咨询方面的服务。1936年，美国最高法院裁定1933年的《农业调整法》违宪，并在同年通过了《土壤保护和国内配额法》，该法案将农作物分为"消耗地力的"和"增加地力的"两类，政府通过"土壤保护补贴"的方式，鼓励农场主减少"消耗地力的"农作物的种植面积，增加"增加地力的"农作物的种植面积[①]。1945年，美国政府将土壤保护补贴包含在农业保护计划项目内，农业保护计划的目标是：保持和增强土壤肥力、减少土壤侵蚀、保持土地水分[②]。1956年颁布的《农业法案》提出了"土壤银行计划"（Soil Bank Program），企图通过鼓励农场主短期或长期休耕部分土地，减少农产品的生产，从而达到保护土壤的目的。该计划包括两个方面，一是耕地面积储备计划，即允许从事六种主要农产品种植的农场主短期休耕土

①陈昌春，黄贤金，彭补拙，等.耕地储备制度研究[J].中国土地，2004(10)：21-24.

②朱立志，邱君，方兴.国外土壤保护的相关措施与启示[J].中国土壤与肥料，2015(2)：1-4.

地；二是土壤保护储备计划，即鼓励农产品生产者将部分土地长期休耕，用于植树，同时政府每年向其发放一定的补贴。1961年，美国又推出了“紧急饲料谷物计划”，规定农场主将休耕面积的阈值设为其耕地总面积的20%，补贴标准为其休耕土地正常产量50%的现金或实物，如果休耕面积超过20%，则将补贴量提高为正常产量的60%。1966年，美国出台了《优质耕地牧地及林地保护法》，该法案旨在协调解决城市扩张过程中面临的优质耕地被侵占问题，强调要在保证耕地质量的同时，提高耕地总量的储备。而在美国的耕地保护政策中，效果最显著的是1985年的“土地保护性储备计划”（Conservation Reserve Program），该计划规定，农户自愿与政府签订十年至十五年的土地合同，政府则每年对农户发放休耕补贴，使环境敏感性耕地退出农业生产领域。休耕后的土地大多用于种草，少数用于造林和湿地恢复，从而使土壤肥力得到恢复。该计划的耕地补贴主要包括两个方面：一是对耕地租金的直接补贴，二是对农户承担退耕土地后还林还草的成本补贴。同时，签约农户还可收到农业服务部门和其他农业相关机构提供的指导服务形式的技术补偿，以及履行耕地保护责任的鼓励金和部分续签项目的经济补助。1990年，为减少联邦政府的计划开支，美国在当年颁布的《食品、农业、资源保护和贸易法》中启用了作物播种面积“三基数计划”，将农场主的休耕面积计划与农产品的期末库存消费比等信息结合起来[①]，使土壤休耕计划得到了更多的支持和补助，也让土壤保护计划逐步融入了一个以环境效益为目标的系统化的资源管理体系。而休耕并不能有效解决耕地面临的所有生态问题。1996年，美国自然资源保护局推出了“环境质量激励计划”（Environmental Quality Incentives Program），该计划是美国农业部财政支持力度最大的环境保护项目，通过为农业生产者提供资金和技术支持的方式，鼓励农民采用对生态利好的方式进行农业生产，从而达到提高耕地等农业资源质量的目的。该计划的主要目的是提供技术援助、帮助费用分摊以及激励支付，有利于作物和畜牧生产者保护和改良农场环境，它的补贴方式包含两种：一是为农业生产者分担环保工程的建设和实施成本；二是可以激励农业生产者的直接的补贴，鼓励其配合各种生态环保的土地管理措施。2002年，美国通过了《2002年农场安全与农村投资法案》，该法案授权农业部实施如农牧场土地保护计划等多个计划[②]，以延长农业生产者自愿参加生态环境保护计划的年限，进一步加大了农业生态环境的保护力度，也极大提高了农场主探索耕地保护技术、模式的积极性。经过多年发展，美国已发展了2万多个生态农场，这些农场成为美国土壤保护的“试验田”；美国大部分大型农场都采用种养结合的农场经营方式，这对防止环境污染和提高耕地质量大有裨益。

①崔宁波，张正岩，刘望．国外耕地生态补偿的实践对中国的启示[J]．世界农业，2017(4)：35-40.

②杨磊．武汉市生态补偿问题与对策研究[D]．武汉：湖北大学，2012：35-36.

(二)日本耕地保护政策

1946年,日本采取强制性政策收购地主的土地并转卖给佃农耕种,由此形成了农业小规模经营的自耕农制度,调动了农民提高农地生产力和保护耕地的积极性。1949年,日本颁布了《土地改良法》,规定个人或团体均可申请参加土地改良整治,整治包括两个方面:一是对农业基础设施的整治,如农业用水排水设施的设置与维护、土地平整、农道建设、新农地开发等;二是对农业生态环境的整治,通过土地整治防止水土流失、土地荒漠化、土地污染化、土地贫瘠化和土地损毁等问题的发生,注重整治区水土重构技术、防护工程与景观生态再造技术的运用[①]。1952年,日本颁布的《农地法》确立了农民土地所有制,限制了地主的土地拥有规模和租种地的所有面积,增加了佃农的土地面积;同时设定良田保护区,严格管制农地向非农地的流转。1960年后,随着日本城市化和工业化的不断推进,农村人口大量流向城市,农村耕地抛荒现象日益严重,因此,日本逐渐放宽了土地流转条件,允许农村土地适度流转,形成规模经营,提高了农地利用效率,并逐渐出现了职业农民。1968年,日本出台了《农业振兴地域整备法》,法案对农村土地利用区域进行了明确划分,以保持一定规模的农地不会遭受工业化和城镇化的侵蚀。1970年,日本通过了《农用地土壤污染防治法》,以清除农业用地上的特定的有害物质,恢复农用地土壤的原状。其内容大致可分为农用地土壤调查、指定污染区域风险管理和污染治理、恢复土壤状况三个部分,规定了都、道、府、县在这三个方面的要求[②]。1970年,日本为应对水稻过剩导致稻农利益受损的问题,还实施了稻田休耕转作项目,并根据转种作物的产量进行相应的休耕补贴。1993年,《农业经营基础强化促进法》纳入了农地流转和促进农地利用的手段等内容,保证优质农地继续用于生产,促进农地改良和经营规模的扩大,提高农地利用效率,取消以除耕种以外的目的获取农地的权利,由此日本农地制度向强化农业经营变迁。1999年,日本又在《农业振兴地域整备法》中增设农地变更的基本标准,再次明确了保护农地的基本目标,此外,还鼓励通过土地流转来保护农地。2000年,日本在《农地法》中对土地权利转移和用途管制牵涉的土地面积作出了具有弹性的规定,以此排除一些以保存资产与投机为目的的农地转移行为以及一些不从事农业生产的个人或团体进行农地转移的可能[③]。2002年颁布的《土壤污染对策法》以城市土壤为防治对象,运用环境风险对应的观点,对工厂、企业废止和转产及进行城市再开发等活动时产生土壤污染的行为进行了约束,这一法令也对城市周边耕地的生态起到了一定的保护作用。2009年,日本推出了农业生态补贴计划,农业和环保专家对环保生态型农业制定了几项标准:不用或少用化

①刘吉双.日本农村耕地保护制度与职业农民就近就地城镇化[J].学术交流,2017(8):135-140.

②袁野.两型农业背景下耕地污染防治立法研究[D].长沙:中南林业科技大学,2017:22-23.

③薛凤蕊.我国农地确权对耕地保护影响研究[D].北京:中国农业科学院,2014:18-19.

肥、不用或少用农药、施用有机物、稻田冬季灌水养生、不翻地或少翻地栽培、使用土壤改良材料、农田安装防虫防草罩网、创设绿色保护带、轮作、妥善处理田间废弃物等。对做到上述有利行为的农户，地方部门会提供可观的农业改良基金贷款和大幅度免除农业机械的税金等福利。

（三）英国耕地保护政策

英国是世界上最早进行工业化和城市化的国家，在其推进工业化和城市化的过程中，也对耕地造成了过度污染和占用。1942年，英国发布了《阿斯瓦特报告书》，提出了关于土地保护补偿和私人土地增加的理论体系，这对英国保护农地、控制城镇用地无序扩张起到了重要作用①。1947年，《城乡规划法》颁布，规定土地开发权归国家所有，任何土地所有者想要变更土地用途或者开发新土地必须向政府提出申请并依照相关规定交纳一定的开发税，否则不能擅自做主变更，只能按原有土地利用方式使用土地。1966年，英国农业部对农地质量进行评价，建立农业土地分类系统，根据土地的作物适宜范围、产量水平、持续性以及成本等因素，将农业土地分为五个级别②。1981年，英国的环境部门制定了《野生动物、田园地域法》，规定将多为劣质地的“科学研究指定地区”转变成为草地和林地，定期由政府为其经营支付补助金。如果农场主每年将其20%的耕地作为永久性休耕地，其所享受的每公顷耕地补贴最高可达200美元；如果将20%的耕地进行轮耕，其所享受的每公顷耕地补贴最高可达180美元；此外，政府还通过低息贷款方式鼓励农民进行土地整治、土地改良等活动③。1986年，英国农业渔业和粮食部等部门制定了《农业法》，指定部分区域为“环保农业地区”，还通过实施乡村发展纲要和国家发展规划等政策保护优等农业用地。1987年，英国政府制定环境敏感区规划、守护田庄规划、有机农业生产规划、农地造林规划、能源作物规划、坡地农场补贴规划、林地补助规划等文件，目的是保护农地生态，改善周围环境，增加生物多样性。2004年，英国制定的新规划体系强调实施农业的可持续发展的原则，并且越来越重视耕地保护，在各级相关的规划中都涉及耕地保护政策。2005到2006年间，英国在欧盟率先实行以保护环境、促进生物多样性发展为宗旨的农业政策，鼓励农场主发展环保型农业，保护农田，防止过度耕种。虽然英国现在已经完成工业化，城市新增建设用地的压力相对较小，但其仍然坚持实施可持续发展战略，对具有重要生态功能的耕地实行严格的保护措施。

（四）德国耕地保护政策

从保护内容来看，德国对耕地的保护措施可分为数量保护、质量保护和生态保护；从

①杨钢桥.国外城镇用地扩张的控制[J].现代城市研究,2004(8):57-60.

②薛凤蕊,沈月领,秦富.国内外耕地保护政策研究[J].世界农业,2013(6):49-53.

③统筹,王瑜.国外如何保护耕地质量?[N].农民日报,2013-01-28(5).

保护方式来看，可分为强制性保护和诱致性保护。第二次世界大战后，由于大量施用化肥和农药，德国耕地质量大幅下降，相关部门出台了《联邦土壤保护与污染场地条例》等土壤保护的具体法律法规，对耕地的利用用途和被污染耕地的修复等作出了具体规定，为家庭农场的耕地保护提供了法律依据①。此外，相关部门还出台了德国第一部全面规制土壤污染的法律——《联邦土壤保护法》，该法主要强调对土壤污染问题要同时进行事前预防与事后控制。该法明确规定土地财产的所有权人及使用权人应当采取措施预防其管理范围内土壤的有害性改变，如果土壤发生有害性改变，则会追究相关负责人员的责任，还对承担修复责任的义务人进行了具体的规定。另外，该法对耕地的利用方式和利用强度也作了具体规定，旨在保证农民在农业土地利用中遵循良好的农业规范。《联邦土壤保护与污染场地条例》规定了污染的可疑地点、污染地、可允许的附加污染额度和土壤污染调查评估的具体要求，并根据不同的土壤用途详细规定了不同的启动值标准，风险预防值的评价指标也因不同的土地用途而有所差异。20世纪50年代中期，德国政府制定了《农业法》和《土地整治法》，用以扩大农场经营规模。其中，《农业法》提出，允许土地的自由买卖和出租，这促进了德国小型农场向大型农场的转变；《土地整治法》则为零星地块的整合提供了法律依据，为连片土地创造了条件。为转变农业生产方式，保护耕地生态环境，实现农业的可持续发展，德国于20世纪90年代开始执行了一系列农业生态补偿政策，同时颁布了《土地资源保护法》和《肥料使用法》等有关耕地保护的法律法规②。

德国的耕地生态补贴形式分为生态补贴和休耕补贴，其中生态补贴分为向生态农业转型的转型补贴、生态经营维持补贴和针对从事环保型生产的农业企业和农户的土地常规补贴；补贴途径以政府购买为主。与此同时，德国充分利用3S技术（RS、GPS、GIS）和大数据及卫星系统实现了土地资源管理和作物测产，为制定农业补贴政策和土地利用规划提供了可靠的技术保证和科学数据支撑；利用电脑对土壤所需的营养进行分析，精准施肥，这样在节约农业生产成本的同时，可以有效避免过度施肥以及用药所造成的耕地质量下降。此外，德国还将产学研制度紧密结合，构建农业经营者准入制度，规定农民必须经过教育培训，持证上岗，经过培训后的农民，有更强的耕地保护意识，也更懂得如何采取利于耕地保护的农业生产行为。

（五）加拿大耕地保护政策

20世纪30年代，为提高粮食产量，加拿大向耕地施加大量化肥，对耕地进行无休止耕

①易小燕，陈章全，陈世雄，等.欧盟共同农业政策框架下德国耕地资源可持续利用的做法与启示[J].农业现代化研究，2018，39(1)：65-70.

②魏延军，郭文栋，崔玲.基于耕地质量的三江平原耕地生态补偿策略研究[J].国土与自然资源研究，2017(6)：48-50.

作,造成耕地质量大幅降低。而随着第二次世界大战后城市化进程加快,大量优质耕地被城市占据,进一步地削弱了农产品的供给能力。20世纪70年代初,耕地保护进入加拿大国家政策议程,为了减缓城市建设开发占用优等农地,加拿大以省为单位,因地制宜制定各自的耕地保护计划。1973年,不列颠哥伦比亚省为保护农田不被损害,颁布了《农地委员会法》,到1978年为止,其农田面积达到470万公顷,占全省土地总量的80%①。1978年魁北克省颁布了《农地保护和农业活动法》,对土地进行分割管理和控制,划定了650万公顷农业保护区,其中包含大量林地。加拿大的耕地补偿目标并不局限于某一特定作物,而是以农场主的综合收入并结合整个社会、经济环境而定的。政府作为主要补偿主体,一方面积极引导金融公司和工商企业参与,拓展融资渠道;另一方面强化与高校的合作,为农户提供免费教育培训和技术指导。补偿项目现已囊括草地永久性覆盖项目、保护性耕作补偿项目、土壤保护补偿项目及有机农业发展补偿项目。20世纪90年代开始,加拿大魁北克省对农地保护区进行修编,界定了农地保护区的范围和界限,明确了农地要优先用于农业生产的原则,以此严格保护农地。到1998年,魁北克省农地保护区面积达到634万公顷。后来,加拿大又制定了《土地利用规划和发展法》,鼓励合理利用土地、充分利用存量土地以及鼓励其他利用方式。90年代末,加拿大实施国家水土保持计划,制定河岸管理方案,鼓励农民休耕,大力推广保护性耕作技术,培养土地肥力。

综上,根据国外耕地保护政策可总结出以下经验。第一,注重转变农业生产方式,保护耕地生态环境②。如德国明确要求土地不允许使用农药、化肥等化学产品,采取补贴方式鼓励发展有机农业;美国则通过一系列补贴的方式分摊农民发展有机农业的成本。第二,注重耕地生态补偿机制的动态性,在实践中不断对现有机制进行调整完善。第三,注重耕地生态补偿方式的多样性,对耕地生态补偿的主体、范围和标准等都有针对性的规定,做到精准补偿、高效补偿。第四,有完善的法律法规体系作为依托,有效支撑了耕地保护政策的实施。

二、国内耕地保护政策

我国耕地资源有限,人口基数大,人均耕地面积少,为保粮食安全,新中国成立以来,我国采取了一系列耕地保护措施。从新中国成立初期至改革开放,我国的耕地保护措施

①薛凤蕊,沈月领,秦富.国内外耕地保护政策研究[J].世界农业,2013(6):49-53.

②崔宁波,张正岩,刘望.国外耕地生态补偿的实践对中国的启示[J].世界农业,2017(4):35-40.

以数量保护为主。一方面规范建设用地对耕地的侵占行为,如1958年我国颁布了《国家建设征用土地办法》,规定在进行建设用地征用过程中,应尽量占用荒地和空地,少征用耕地良田;另一方面大规模地开垦荒地、围湖造田,增加耕地供给量。这一时期全国耕地面积大幅度提升,一定程度上缓解了我国的粮食危机。但以破坏生态环境为代价开垦荒地的做法逐渐引起水土流失、洪涝、干旱等灾害,成为制约农业可持续发展和影响粮食安全的重要因素。为此,我国的耕地保护政策逐渐从数量保护转变为耕地数量和质量并重保护的政策。1986年,中共中央、国务院颁布了《关于加强土地管理、制止乱占耕地的通知》,第一次提出用经济手段来加强土地管理和整治耕地的乱占乱用现象。同年,《土地管理法》规定各级政府应当采取合理科学的措施,维护排水灌溉工程设施,改良土壤,提高地力,防治土地沙化、盐渍化、水土流失,禁止破坏耕地的行为。规定:国家建设和乡(镇)村建设必须节约使用土地,可以利用荒地的,不得占用耕地;可以利用劣地的,不得占用好地。1988年,为促进合理利用土地,改善生态环境,国务院出台实行了"谁破坏,谁复垦"原则的《土地复垦规定》。1991年,《中华人民共和国土地管理法实施条例》对耕地用途的变更流程进行了规范,有效遏制了耕地的滥占滥用情况。1994年,《基本农田保护条例》提出对基本农田进行特殊保护,明确各单位和个人对基本农田保护的义务,明令禁止破坏基本农田。1998年,我国长江流域发生了特大洪灾,对我国人民的生命财产造成了巨大损失。大面积的水土流失也加剧了耕地的损坏,这引起了我国对保护耕地生态环境的思考,保护耕地不仅要保护耕地本身,也要注重对耕地周边生态环境的保护。1999年,我国决定实施退耕还林试点政策,大面积恢复植被,提高森林覆盖率,提高耕地周边的生态环境质量。2000年,《国务院关于进一步做好退耕还林还草试点工作的若干意见》对退耕还林还草政策进行规范和指导。2002年,国务院颁布了《退耕还林条例》,要求各级政府严格执行"退耕还林、封山绿化、以粮代赈、个体承包"的政策措施,通过资金和粮食等补助方式对退耕农民进行补贴,同时通过发展经济林与生态林并重的方式鼓励农民调整农业经营结构,发展林业经济,进而调动农民退耕还林的积极性。2005年,《中共中央 国务院关于进一步加强农村工作提高农业综合生产能力若干政策的意见》(以下简称《通知》)中提出,要采取有效措施,在退耕还林地区建设好基本口粮田,培育后续产业,切实解决农民的长期生计问题,进一步巩固退耕还林成果,同时要坚决实行最严格的耕地保护政策,切实提高耕地质量。同年,为贯彻落实《通知》精神,国土资源部等国务院七部门联合下发了《关于进一步做好基本农田保护有关工作的意见》,明确提出要探索建立基本农田保护经济激励机制。国家和地方有关的农业补贴要向基本农田保护任务重的地区倾斜;国家投资土地开发整理项目和其他支农项目要向基本农田保护成效突出的地区倾斜。同时,规定由同级财政部门在年度部门预算内统筹安排基本农田保护基础性工作、动态监测及信息系统建设和维护经费，对基本农田保护先进单位和个人要进行表彰和奖励。2008年，发布了《中共中央 国务院关于切实加强农业基础建设进一步促进农业发展农民增收的若干意见》，提出要加强耕地保护和土壤改良，全面落实耕地保护责任制，严格控制建设占用耕地和林地；将土地出让所产生的收入重点用于支持基本农田整理、复垦、改造中低产田等提升耕地质量的建设；支持农民秸秆还田、种植绿肥、增施有机肥；加快实施沃土工程，进一步扩大测土配方施肥规模。2011年，国家各部门合作配合，积极尝试建立耕地保护补偿机制。由于我国各地区之间存在差异，该补偿机制在东、中、西部地区的代表性区域开展以3~5年为周期的试点工作，再通过持续跟踪调查已推行耕地保护补偿机制的地区，定期发现、分析问题，最后总结经验。2016年，国务院出台了《土壤污染防治行动计划》（简称《土十条》），提出从开展土壤污染调查、推进土壤污染防治立法、实施农用地分类管理、实施建设用地准入管理、强化未污染土壤保护、加强污染源监管、开展污染治理与修复、加大科技研发力度、构建土壤环境治理体系和加强目标考核等方面建立健全土壤污染防治体系。2016年中央一号文件提出：要坚持最严格的耕地保护制度，坚守耕地红线，全面划定永久基本农田，大力实施农村土地整治，推进耕地数量、质量、生态“三位一体”保护，耕地生态保护正式出现在国家耕地保护目标框架内。2016年6月，国家推出《探索实行耕地轮作休耕制度试点方案》，提出通过补助的方式，重点在东北冷凉区、北方农牧交错区等地鼓励农民开展轮作试点，重点在地下水漏斗区、重金属污染区和生态严重退化区鼓励农民开展休耕试点。同年，《国务院办公厅关于健全生态保护补偿机制的意见》，指出要不断完善耕地保护补偿制度，提出建立以绿色生态为导向的农业生态治理补贴制度，对在地下水漏斗区、重金属污染区、生态严重退化地区实施耕地轮作休耕的农民给予资金补助，扩大新一轮退耕还林还草规模，研究制定农民施用有机肥料和低毒生物农药的补助政策。另外，除了国家统一的耕地保护机制外，各地方也相应地根据本区域实际情况完善耕地保护激励机制。例如，2008年，成都按照“谁保护、谁受益”的原则率先建立起耕地保护基金，按照耕地面积的大小对承担了耕地保护和粮食生产的承包地农户或农村集体经济组织每年发放一定金额的现金补助或者为其购买相关的农业保险；2010年，广东佛山开始推行对全市基本农田进行补贴的政策。但是这些制度实施的时间还不长，还不够成熟，经验有限，形式比较单一。

三、国外耕地保护政策对我国的启示

通过对国外发达国家耕地保护政策的经验总结,结合我国耕地保护政策中的不足之处,国外耕地保护政策对我国耕地保护发展有以下启示。

(1)明确补偿主体、对象、标准与方式。在耕地补偿中,与国内补偿主体只有单一的政府主体不同,国外有政府、企业和事业单位等多个主体,一方面这可以减轻政府部门的财政压力,另一方面还可明确耕地保护责任,做到谁破坏谁补偿。耕地保护补偿的对象,不应是全体农民,而应该是经营耕地的农民,特别是规模经营的农民,这样可以使耕地补偿真正达到保护耕地的效果。在耕地补偿标准上,应做到标准明确、金额准确。在补偿方式上,不应局限于资金补偿,还可以在有机农药和化肥等无公害生产资料购买方面进行补贴,多管齐下。

(2)建立耕地生态补偿金融机制,引入市场补偿机制。通过建立耕地生态补偿金融机制,一方面可以通过融资缓解耕地生态补偿资金难的问题①,另一方面引入市场的调节机制可以使耕地补偿更具针对性。

(3)转变农业生产方式,将耕地生态补偿与有机农业发展有效结合。耕地保护在根本上要从农业生产方式的转变方面入手,通过补偿,鼓励发展对耕地生态无害甚至有利的生态、有机、循环农业,可以在促进农业健康可持续发展的同时②,进一步保护耕地。

(4)建立征地生态补偿长效机制。耕地除了生产和生活价值,还有调节气候、净化环境和维持生物多样性等生态价值。在征地过程中,除了要对耕地的生产和生活损失进行补偿,也需要建立政府生态补偿长效机制,对耕地的生态破坏进行补偿,补偿资金主要用于生态的恢复或其他区域耕地的生态保护。

(5)完善生态补偿的法律法规体系,加强耕地生态补偿监管。国外在耕地保护补偿中建立了较为完善的法律法规体系,确保耕地生态保护有法可依,同时做到有效的监督管理。我国在耕地保护方面主要停留在政策层面,这一方面容易造成耕地保护措施因为政令的变动而出现变化甚至中止的情况,难以确保耕地保护的长效性;另一方面,会使政令在执行过程中缺乏一个有效的监督奖惩机制。

---

①樊鹏飞.基于虚拟耕地流动视角的区际耕地生态补偿机制研究[D].郑州:河南大学,2017:36-37.

②崔宁波,张正岩,刘望.国外耕地生态补偿的实践对中国的启示[J].世界农业,2017(4):35-40.

第四章　耕地生态保护案例分析

一、耕地数量保护

(一)云南省陆良县治理耕地“非粮化”现象

2014年,依据《土地管理法》《基本农田保护法》《国务院关于坚决制止占用基本农田进行植树等行为的紧急通知》以及陆良县人民政府制定的《关于坚决制止在农田中栽植桉树的通知》等法律法规,陆良县多次组织相关单位深入各乡镇进行调研,召开专题会议,研究部署了农田栽种桉树的清理工作。2014年2月,陆良县选取了部分乡镇启动基本农田桉树清理试点工作;2015年,全县范围内全面开展了基本农田桉树清理工作,共清理恢复耕种面积44 288.9亩。

自2018年8月起,陆良县陆续开始了桉树替换种植,全县路域桉树种植替换涉及高速公路沿线长度约78.22千米,涉及耕地面积约3 621.09亩。陆良县政府多方筹集资金,按照文件规定的每亩200元的标准拨付清理补助经费给林木所有者。截至2021年,全县已经恢复耕种面积达1 886.5亩①。

(二)浙江省专项整治农村乱占耕地建房问题

2020年,浙江省人民政府召开全省农村乱占耕地建房问题专项整治行动电视电话会议,出台农村乱占耕地建房问题专项整治三年行动方案。方案指出,经过三年的专项整治,进一步完善农村余地管理长效机制,确保全省耕地的保有量、永久基本农田保护面积不少于国家下达的任务,全面查清全省2013年1月1日以来农村乱占耕地建房问题情况,

①许祥云,保俊春,王乔常.浅析耕地“非粮化”现象的治理——以云南省陆良县为例[J].中国土地,2021(1):45-47.

确保实现“三清”即底数清、问题清、类型清。在这个三年行动中，有三项重点任务，分别是精准摸排底数、突出整治重点以及合理疏导保障①。

（三）福建省泉州市拓宽补充耕地来源渠道

泉州市首先在全省建立起补充耕地指标应急储备制度，每年在分解下达县（市、区）年度补充耕地任务的同时，追加下达市级收购储备指标，纳入市级应急指标储备库进行管理，年底统筹调剂，用于满足个别无法完成补充耕地任务的县（市、区）应急需求，确保按时完成年度耕地占补平衡目标，大部分指标均在当年度调剂给洛江区、泉港区、晋江市和惠安县等县（市、区），这为实现年度耕地占补平衡发挥了重要作用。

泉州市充分发挥驻村蹲点干部的帮扶作用，推动基层积极开展土地整治。在政策宣传解读、项目嫁接和管理推进上发挥驻村干部的优势，把补充耕地、建设高标准农田项目和政策带到基层，推动基层开展土地整治工作。2017年以来，泉州市共完成了8个土地整治项目的立项工作，建设规模达405.73公顷，新增耕地约105.73公顷②。

（四）广东省部署开展农村占用耕地建房摸排工作

2020年，广东农村乱占耕地建房专项整治行动部际协调机制办公室印发《农村乱占耕地建房问题摸排工作方案》。该方案指出要全面排查2013年以来广东农村占用耕地建房的情况。方案明确，“占用的耕地”是指第二次全国土地调查（以下简称“二调”）成果为耕地且未依法依规变更用途或现状为应按耕地管理的土地，以及“二调”后各年度通过土地整理复垦开发等途径新增加的耕地或按耕地管理的土地。对于存量占用耕地建房的问题，不搞“一刀切”，要在深入摸查情况的基础上分类施策，分步分类进行处置。开展农村占用耕地建房摸排是为了给进一步研究制定合理的分类处置政策打好基础，最终目的是为了保护耕地和保障粮食安全，守住耕地红线。

（五）重庆市巫山县推行建设用地复垦

巫山县在2009年开始推行农村建设用地复垦，其中第一批的42个项目均已进行地票交易，拿到合格证。总体上，巫山县的土地复垦项目发展迅猛，呈现出积极的态势。

图4-1为重庆市巫山县人民政府2020年7月16日公示的龙溪镇土地复垦的相关情况。从图中可以看出，各村庄都在积极参与土地复垦，为耕地数量的增加贡献出一份力量。

---

①方臻子，王玉宾．浙江省专项整治农村乱占耕地建房[J]．浙江国土资源，2020(10)：4.

②周凯．泉州市耕地保护工作分析[J]．乡村科技，2020，11(26)：112-113.

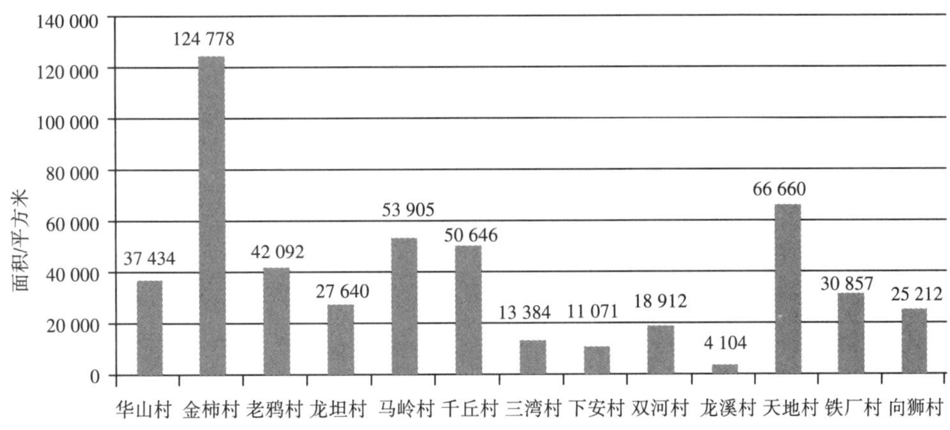

图4-1　巫山县龙溪镇土地复垦情况柱状图

数据来源：重庆市巫山县人民政府官网

二、耕地质量保护

（一）陕西省千阳县探索耕地质量提升技术模式

陕西省千阳县牢固树立新发展理念，大力推广测土配方施肥、绿肥压青、秸秆还田、机械深松等耕地保护与质量提升技术，引导农业经济的发展进入良性循环，截至2021年，全县累计治理水土流失60多平方千米，改良土壤18.26万亩，建立保护性耕作示范区12万亩，农作物秸秆综合利用率达到95%以上，并且顺利通过了国家无公害农产品产地整县环评认定，土壤有机质高于全省0.2个百分点，全县绿色农业的主体地位得到了进一步确立①。在这一过程中，千阳县共示范推广了以下四种技术模式。

1.测土配方施肥模式

在土样测试、田间肥效试验的基础上，根据不同作物需肥规律、不同区域土壤供肥性能，制定不同作物的科学施肥配方，交由合作定点企业按配方生产肥料，指导群众科学施肥。据统计，全县推广测土配方施肥面积累计263万亩，粮经作物测土配方施肥技术覆盖率达到90%以上。

2.增施有机肥模式

创办了木美土里生态农业有限公司、宝鸡乾亨农业发展有限公司等大型有机肥生产企业。据统计，2021年全县有机肥年资源总量117.9万吨，其中堆肥56万吨、商品有机肥8万吨、沼液21.4万吨、沼渣8.5万吨、各种绿肥9万吨。2019—2020年先后争取果菜茶有机

①李烨.千阳县加强耕地保护发展绿色农业的探索[J].科学种养，2021（1）：5-6.

肥替代化肥试点项目资金1 500万元，共建设有机肥替代化肥苹果高标准示范园3.2万亩，示范区果园优质果率达到90%以上，化肥亩用量较上年减少15%，果园土壤有机质含量比上年平均提高0.1个百分点。

3.绿肥压青提高土壤有机质模式

2011—2012年，全县实施了土壤有机质提升项目，2017—2018年实施了耕地保护与质量提升项目，通过项目补贴，鼓励群众在夏闲地和冬闲地增种一茬油菜，播种前1个月进行翻压，达到增加土壤有机质含量、增肥地力的目的。

4.旱地小麦水肥一体模式

2019年，农技中心在草碧镇白村寺村示范推广旱地小麦水肥一体节水补灌技术，应用卷盘移动式滴灌设施，定时定量浸润小麦根系发育，变旱地为水浇地。灌水的同时增施肥料，供水供肥均匀。据农技部门调查，小麦平均亩增产50～100千克，节水60%以上，节肥30%以上，亩均节本增效215.2元。

（二）辽宁省盘锦市大洼区推进盐碱耕地治理

盘锦市大洼区地处渤海湾中部，辽河三角洲腹地，所辖区域全部为辽河淤积退海滩涂发育而形成的滨海平原，全区土地总面积约18.20万公顷，其中耕地面积约7.07万公顷，占土地总面积的38.8%，水稻种植面积约5.36万公顷，占耕地总面积的75.8%。水稻土是大洼区的主要土壤类型。大洼区水稻单位产量在675千克/亩左右，年产稻米50多万吨。从地力评价标准上看，大洼区耕地地力处于中等水平。经过多年耕种，目前大洼区水稻种植区域内大部分耕地得到有效改良和利用，但依然存在着耕地退化问题，主要表现为土地盐碱化。多年来，大洼区投入大量人力物力对盐碱土地进行改良，主要包括以下四个方面。

1.推行测土配方施肥技术，推广耕地保护项目

2005年以来，大洼区连续14年应用和推广测土配方施肥技术，有针对性地提出了相关技术措施。通过发布水稻生产配方施肥数据，确保土壤养分平衡，有效减少了化肥施用量；同时，结合辽宁省耕地保护与质量提升项目，通过精准施肥、调整化肥使用结构和有机肥替代化肥等技术措施，进一步提升耕地的基础地力水平，达到培肥地力、提升耕地等级的目的①。

2.推广农业机械化

大洼区一直采用新机具、新技术进行合理耕作，提高和改善了耕层土壤性状，实现了保水保肥的目的。通过举办科技培训班、农机现场演示会等多种方式，动员农民通过深

①葛建军，何文选.柑桔测土配方施肥技术指标体系研究与应用[J].邵阳学院学报（自然科学版），2008(2)：90-93.

翻、埋茬等措施增加农田秸秆还田面积和还田量，从而增加土壤有机质含量，有效改良土壤结构，培肥地力。同时还积极推广激光平地等先进平整土地技术，使土壤盐分水平分布均匀，避免形成地表盐层。

3. 改良水稻品种

大洼区与沈阳农业大学、辽宁省农业科学院和辽宁省水稻研究所等科研单位开展合作，示范推广抗旱耐盐碱的优质水稻品种，如盐丰系列、盘育系列、锦稻系列等。这些品种的水稻都比较成熟，在地表积盐、土壤养分含量中等的地块进行种植，均取得了很好的效果，使大洼区水稻产量不断提高。

4. 实施高标准农田建设项目

2009年以来，大洼区积极争取国家财政资金，累计总额近10亿元，按照"夯实基础、整体推进、重点突破"的工作思路，共建设高标准农田超过2万公顷。建成后的耕地，基本形成了田地平整肥沃、水利设施配套、田间道路畅通、林网建设适宜、科技先进适用、优质高产高效的高标准农田示范区，农业生产条件大为改观，为盐碱地治理提供了强有力的支撑。

在多年的努力下，大洼区在盐碱耕地治理方面取得了部分成效，主要体现在土壤耕层有机质含量提高、耕地质量和供肥能力稳定等方面[①]。

（三）甘肃省崇信县开展废旧地膜回收及尾菜处理

2015年以来，崇信县农环站开展了废旧地膜回收利用、尾菜处理等项目，加强旧地膜回收点建设、地膜机械化回收，开展高效环保地膜试验示范，在回收环节中"以奖代补"，推进废旧地膜残留监测、修建尾菜处理池等措施的落实，5年累计回收废旧地膜3 636吨，建设35个地膜残留监测点，5年累计处理田间尾菜3.407 2万吨。通过这一系列的生态环保措施，实现了耕地污染阻控，优化了农田生态环境，保护了耕地质量。[②]详细的项目实施情况见表4-1。

表4-1　崇信县农田生态环境保护项目实施情况

年份	项目资金/万元	废旧地膜回收			尾菜处理项目		
		项目资金/万元	回收废旧地膜/吨	地膜残留监测点/个	项目资金/万元	处理尾菜/万吨	尾菜处理利用率/%
2015	30	20	496	0	10	0.430 0	72
2016	30	20	820	0	10	0.309 2	34
2017	51	41	613	0	10	0.912 0	38

①郭向东．盘锦市大洼区盐碱耕地利用和改良情况概述[J]．北方水稻，2020，50(6)：95-96.

②朱凤菊，李敏．崇信县耕地质量保护工作开展现状与对策[J]．农业科技与信息，2020(19)：32-35.

续表

年份	项目资金/万元	废旧地膜回收			尾菜处理项目		
		项目资金/万元	回收废旧地膜/吨	地膜残留监测点/个	项目资金/万元	处理尾菜/万吨	尾菜处理利用率/%
2018	124	114	960	15	10	1.056 0	44
2019	109	99	747	20	10	0.700 0	46
合计	344	294	3 636	35	50	3.407 2	—

（四）四川省眉山市推进耕地质量保护

眉山市从产业发展的需求出发，因地制宜地开展了喷灌、管灌、微灌等高效节水灌溉项目建设。2019年，全市新建了2.18万亩高效节水灌溉耕地，推广水肥一体化耕地面积12.04万亩，新增有20多处智能化灌溉设备设施，打造了包括岷江现代农业园区、青神太阳能提水灌溉茶叶基地、丹棱以色列高效节水灌溉不知火园区等在内的6个智慧农业园区。

另外，眉山市还开展了全域耕地质量调查、监测与评价工作，对全市736个调查点和35个耕地质量监测点（国家和省共建监测点18个，省县共建监测点17个）开展年度调查、监测和评价工作。之后，根据调查点和监测点获取的数据，编制耕地质量监测报告以及耕地质量等级评价报告①。

（五）甘肃省高台县推进耕地保护

高台县位于河西走廊中部，黑河中游下段，共有10.09万农村人口，现有3.966万公顷耕地。境内土壤受地形、地貌、气候等因素的影响，形成了灌耕土、潮土、草甸土、灰棕漠土、灰钙土、盐碱土等土类②。在绿色发展观理念的指引下，高台县致力于加强耕地保护，提升耕地质量水平。一方面推广耕地质量提升技术，围绕“一控两减三基本”的目标，大力推广“有机肥+配方肥”、绿肥种植、秸秆还田、沼渣沼液还田、生物农药、废旧农膜回收利用、绿色防控、尾菜处理、使用农家肥等耕地质量提升技术。推进中低产田改造，加强盐碱地治理，引导农户种植甜菜、葵花等耐盐碱作物，种植绿肥，分别建成2个耕地质量建设和农药化肥减量增效综合技术示范点。投资400万元实施盐碱地改良项目，推广土壤盐碱改良剂使用、拉沙压碱、种植绿肥、增施有机肥等技术示范区面积约0.52万公顷。

（六）重庆市通过设立示范区促进耕地质量的保护

重庆市设立长寿、丰都、荣昌等3个国家级基本农田保护示范区，设立万州、合川、永川、铜梁、开州、酉阳、石柱、梁平等8个市级基本农田保护示范区。利用5年时间，在11个

①张树金．眉山市耕地质量保护与提升现状及建议[J]．基层农技推广，2020，8(8)：110-112.

②杨玉英．高台县玉米地膜减量调查分析[J]．乡村科技，2019(18)：107-108.

基本农田示范区县，实施110万亩高标准基本农田示范项目建设，即基本农田保护示范区“3、8、110工程”。

（七）江苏省南京市实施耕地质量提升示范区项目

南京市统一部署，从2015年起在全市五大涉农区开展市级耕地质量提升综合示范区项目，从而提升中等和较低地力的耕地质量水平，以及耕地的综合生产能力，实现更大面积的均衡增产，保障人民的粮食安全，实现农业、农村的可持续发展。

2015—2017年间，南京市耕地质量保护技术部门在全市五大涉农区选定了面积在200公顷左右、集中连片的耕地，通过运用施用有机肥料、种植绿肥、秸秆腐熟剂以及深耕深松等技术，对不同特征的耕地进行不同方式的质量改善。

如表4-2所示，2015—2017年间耕地示范区总面积为2 189.4公顷，商品有机肥增施量42 349吨，秸秆机械化还田或深耕的耕地面积为5 807.0公顷，施用秸秆腐熟剂的耕地面积为2 148.9公顷，绿肥种植的耕地面积为532.3公顷，配方肥或“有机-无机”复混肥施用量为4 585吨。

表4-2　2015—2017年各示范区技术运用实施情况

示范区名称	商品有机肥增施量/吨	面积/公顷				配方肥或“有机-无机”复混肥施用量/吨
		秸秆机械化还田或深耕	秸秆腐熟剂	绿肥种植	选定区耕地总和	
马鞍示范区	4 925	506.7	85.0	66.7	211.9	0
金牛湖示范区	4 748	546.7	111.7	86.7	246.7	0
永宁示范区	3 361	600.0	450.0	73.4	204.7	690
桥林示范区	3 793	640.0	480.0	33.3	213.3	633
横溪示范区	4 435	503.8	226.7	0.0	208.0	750
汤山示范区	5 450	300.5	0.0	80.0	201.7	60
何凤示范区	3 801	728.0	155.7	60.3	242.7	1 296
晶桥示范区	2 518	748.0	189.7	45.3	249.3	1 045
漆桥示范区	4 293	603.3	284.3	53.3	201.1	82
顾陇示范区	5 025	630.0	165.8	33.3	210.0	29
总计	42 349	5 807.0	2 148.9	532.3	2 189.4	4 585

由表4-3可知，在实施耕地质量提升示范区项目之前，各示范区有机质含量的均值为20.72克/千克，实施项目后为25.90克/千克，变化率为25%。实施前全氮含量的均值为1.18克/千克，实施后为1.43克/千克，变化率为21.19%。实施前有效磷含量的均值为9.99毫克/千克，实施后为28.73毫克/千克，变化率为187.59%。实施前速效钾含量的均值

为131.70毫克/千克，实施后为143.87毫克/千克，变化率为9.24%。从此表可以看出，实施项目后土壤油脂及养分含量有了相应的提升，耕地质量得到了一定改善。

表4-3　项目实施前后土壤有机质及养分含量变化

指标	平均值			变化率/%
	实施前	实施后	变化	
有机质含量/(克/千克)	20.72	25.90	5.18	25.00
全氮含量/(克/千克)	1.18	1.43	0.25	21.19
有效磷含量/(毫克/千克)	9.99	28.73	18.74	187.59
速效钾含量/(毫克/千克)	131.70	143.87	12.17	9.24

(八)江苏省如东县推广耕地质量保护

2007—2017年，江苏省如东县大力推广秸秆还田、氮磷钾配施、大量元素与中微量元素相结合、有机肥替代化肥等测土配方施肥技术，使得耕地土壤耕层有机质含量、有效磷含量、速效钾含量总体呈上升态势，提高了耕地的质量。

表4-4显示了如东县2007年和2017年的土壤养分变化情况。由表可知，2007年如东县土壤有机质含量的平均值为18.6克/千克，2017年土壤有机质含量的平均值为23.2克/千克，与2007年相比平均增加4.6克/千克。可见，如东县实施推广秸秆全量还田、增施有机肥、种植绿肥还田等技术，取得了相应的效果。

表4-4　如东县土壤养分变化情况

年份	分级	有机质含量		有效磷含量		速效钾含量	
		标准	比例	标准	比例	标准	比例
2007年	1	≥40克/千克	0	≥40毫克/千克	10.67%	≥200毫克/千克	5.33%
	2	30~40克/千克	2.33%	20~40毫克/千克	28.67%	150~200毫克/千克	9.67%
	3	20~30克/千克	39.00%	10~20毫克/千克	30.33%	100~150毫克/千克	35.67%
	4	10~20克/千克	49.67%	5~10毫克/千克	19.00%	50~100毫克/千克	43.67%
	5	6~10克/千克	9%	3~5毫克/千克	11.33%	30~50毫克/千克	5.33%
	6	<6克/千克	0	<3毫克/千克	0	<30毫克/千克	0
	样本数	300		300		300	
	最大值	37.4克/千克		89.1毫克/千克		328.0毫克/千克	
	最小值	6.7克/千克		3.1毫克/千克		28.0毫克/千克	
	平均值	18.6克/千克		20.4毫克/千克		109.0毫克/千克	

续表

年份	分级	有机质含量		有效磷含量		速效钾含量	
		标准	比例	标准	比例	标准	比例
2007年	标准差	5.97		15.82		48.21	
	变异系数	32.10%		77.55%		44.23%	
2017年	1	≥40克/千克	0.58%	≥40毫克/千克	12.28%	≥200毫克/千克	5.85%
	2	30 ~ 40克/千克	23.39%	20 ~ 40毫克/千克	33.92%	150 ~ 200毫克/千克	12.87%
	3	20 ~ 30克/千克	35.09%	10 ~ 20毫克/千克	36.84%	100 ~ 150毫克/千克	41.52%
	4	10 ~ 20克/千克	38.01%	5 ~ 10毫克/千克	14.62%	50 ~ 100毫克/千克	38.60%
	5	6 ~ 10克/千克	2.92%	3 ~ 5毫克/千克	2.34%	30 ~ 50毫克/千克	1.17%
	6	<6克/千克	0	<3毫克/千克	0	<30毫克/千克	0
	样本数	171		171		171	
	最大值	42.7克/千克		88毫克/千克		356毫克/千克	
	最小值	7.3克/千克		3.6毫克/千克		48.0毫克/千克	
	平均值	23.2克/千克		23.0毫克/千克		121.0毫克/千克	
	标准差	7.86		15.89		50.72	
	变异系数	33.88%		69.09%		41.92%	

注：数据来自刘爱云、高建国的《江苏省如乐县耕地主要土壤养分变化趋势分析》，表格有改动。

统计资料显示，2007—2017年，如东县化肥用量逐渐下降，从2007年的6.36万吨下降到2017年的4.01万吨。据2007—2017年秸秆还田调查数据，如东县的小麦和水稻主要采用机械收割的方式，其中小麦秸秆全量还田面积占比从55.6%提高到87.5%。

三、耕地生态保护

（一）日本推行环境保全型耕地农业系统

日本农林水产省认为环境保全型农业具有可持续性，可通过减少使用化学制品，恢复地力，从而最大化地发挥农业自身的物质循环功能，平衡环境保护与提高生产力之间的矛盾①。

①苏畅，杨子生．日本环境保全型耕地农业系统对中国耕地保护的启示[J]．中国农学通报，2020，36(31)：86-91.

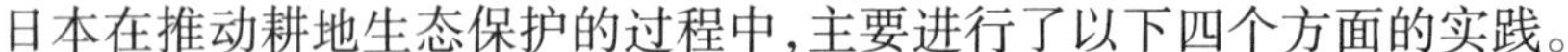

日本在推动耕地生态保护的过程中,主要进行了以下四个方面的实践。

1. 休耕制度

1970年,日本政府在环境保全型农业制度框架下,实施休耕政策,包含轮种休耕、管理休耕和永久性休耕三种模式,其最初目的是控制粮食供给水平。1993年,乌拉圭回合谈判后,日本逐步重视休耕对生态环境的保护作用,将休耕调整为环境保护手段。据统计,全日本的耕地中,休耕地占64.6%,永久性耕地占1.68%。日本休耕制度的体系以及运转过程有两个特点,即根据耕地等别分类实施、奖惩结合。

2. 耕地农业环保支付制度

(1)友好环境耕地农业直接支付计划。2007年,日本建立了对农业环境保护的支付制度,2011年开始实施对环境保全型农业的直接支付计划,补贴支付标准确定为40 000日元/公顷,农业方面补贴的制度期限为5年①。同时,市级政府也按国家相同的标准对环境保全型生产方式进行补贴。随着政府对环保型耕地农业生产各环节直接补贴支持力度的加大,环保型耕地农业实践规模迅速提升。2005—2013年普查数据显示,2005年日本对生态农户的认定达到10万户,而后6年间有效增加11万户,2013年全日本环境保护型农业的种植、生产面积达到4.5万公顷。

(2)环保型耕地技术补偿。由于日本耕地面积有限,因此日本对耕地农业的科技创新以及耕作农民的教育投入都有很高的积极性。在环保型耕地农业生产的科研教育的投入中,尤其强调产学研的互联互通,把科技创新、农作物培育投入作为着力点②,有效加大财政资金对新型农药、友好耕地农业生物技术、生物式病虫害防治技术、有机农地土壤栽培方式的投入,实现了经济补贴在以上技术领域的效用扩大,使技术在农村得以推广使用。目前日本仍在继续推广且有效使用的耕地农业技术主要有三种,分别是低度肥料化学用药、农耕生产废弃物循环利用以及引进新型栽培技术的有机耕作。

3. 生态补偿市场认证体系

日本在生态补偿过程中注入了市场动能,利用"环保标志认定""环境标识"等制度,激励传统农耕者选择环境保全型耕地农作方式。

(1)有机农产品认定。在推进耕地生态协同保护的过程中,日本最早在有机农耕、有机产品等方面进行努力。因此,有机农产品的认定已经成为日本耕地生态协同体系中的一个重要环节。2006年,日本政府开始制定有机耕地农业生产的相关支持性规定条款,出台了对有机农业进行规范的法律《关于推进有机农业的法律》(简称《有机农业法》)。

---

①胡博,杨颖,王芊,等.环境友好型农业生态补偿实践进展[J].中国农业科技导报,2016,18(1):7-17.

②苏畅,杨子生.日本环境保全型耕地农业系统对中国耕地保护的启示[J].中国农学通报,2020,36(31):86-91.

20世纪80年代，为了解决市场上“有机”标签乱用的问题，日本政府开始探索提升有机农产品市场准入标准，修订完善了《农林物资质量表示和规格化标准法》(JAS法，Japanese Agricultural Standard)。此外，为了改善日本耕地环境承载力以推动日本有机农业快速发展，避免破坏自然环境形成恶性循环，日本适时出台了《促进有机农业的基本方针》《有机农业促进法》等配套法律规定。

(2)特别栽培农产品的标识。为了推进耕地农业生产中农药的科学使用，使农业生产能更有效地反哺生态环境，提升耕地生态协同保护效应，日本大力倡导减少农药施用以及控制化肥中氮肥的比例，在有机和传统生产方式间创新性地提出“特别栽培农产品”标识计划，也就是在农产品市场上，销售者要公开生产过程中使用氮肥的比例、栽培方式及主体、主页等信息，通过这种信息公开化的方式，帮助消费者选择特别栽培农产品，扩大该产品的市场认可度。

(3)生态农户的标识。与日本环境保全型农业相关的一个重要法定组织是全国环境保全型农业推进会议，其在生态农户的认定、政策普及和宣传上发挥了重要作用。2000年，日本“生态农户”标识由该组织设计颁布，并在2年后正式推广。标识上的日语意为“我们已开始从事对环境友好的农业”。①在其具体操作中，凡是符合生态农户标识条件(减量使用化肥及农药、利用土壤保护技术等)的农户，向都道府申请并经认定后，即可获得农业贷款的优惠。在“生态农户”标识制度的时间效力方面，一般性效力为5年，到期后农户可重新依据具体的农业耕作技术水平、品种种植方式等(第二次标识评价标准比首次申请要求高)，重新提出申请。获得“生态农户”标识的公司或个体，可以在其企业信息公开、产品售卖、市场宣传中使用该标志。

4.法律制度保障

在日本有效推行环境保全型农业的进程中，健全的环境法规体系发挥了一定的作用。历年来，日本政府相继制定了《食物、农业、农村基本法》、《关于采用具有高持续性农业生产方式的法律》(简称《持续农业法》)、《家畜排泄物法》、《肥料管理法(修订)》等法律规定。这些法律规定的目的都是为了防止农业生产、耕地消耗而引发的环境污染等次生灾害，使农业发展循环可持续，实现耕地生态共同保护②。

(二)巴西推动农村环境注册

多位学者(Wunder、Engel、Baylis等)都提出明确清晰的自然资源产权是生态补偿开展的重要基础，有助于明确生态系统服务的提供者、生态保护的责任方与生态补偿的受偿对象，提升受偿地区群众在生态保护中的参与度和能动性。在私有制国家和市场化程度较

①焦必方，孙彬彬.日本现代农村建设研究[M].上海：复旦大学出版社，2009：243.

②张慧芳，吴宇哲，何良将.我国推行休耕制度的探讨[J].浙江农业学报，2013，25(1)：166-170.

高的国家，自然资源资产归当地土地所有人，生态补偿可以通过协议或者合同的方式进行。而在公有制或者不完全私有制的国家中，不断完善自然资源资产的权属关系成为实施生态补偿的客观要求。2012年，巴西通过立法手段推动实施农村环境注册(The Rural Environmental Registry)，要求农户通过全国统一网站进行登记，确认归属于自身的自然资源及其对应的环境责任，并在此过程中由当地环保组织进行协助，同时出台[①]配套政策措施限制未取得登记认证农户的农产品在市场流通及这些农户的金融贷款权限，以保障注册登记顺利推进。该措施有效厘清了历史遗留的产权主体交叉问题，为实施生态补偿明确了补偿对象及生态保护责任人。

(三)美国实施土地休耕计划

20世纪30年代以来，美国在生态恶化、水土流失严重、洪灾频发的背景下提出了土地休耕计划，至今已经形成了较为完整的耕地休耕补偿政策体系。

美国的土地休耕计划是自愿性质的，由土地所有者进行选择，愿意休耕则进行项目申报，由国家审批资格，再提供生态补偿资金。实行休耕计划与农产品价格波动相关，农产品价格走低时，登记土地休耕计划的面积就会增加，反之则会减少，于是，补偿机制也会相应地进行动态的调整。

美国的土地休耕计划将政策推进和市场机制相结合，实现了收益的最大化，从而带来了巨大的生态效应和社会经济效应。另外，美国土地休耕计划有完善的监管机制，能较好地保障政策实施的效果。

(四)江苏省苏州市实行生态补偿

苏州市在2010年出台了《关于建立生态补偿机制的意见(试行)》，指出从苏州的实际情况出发，坚持政府主导，通过财政转移支付，加大财政对生态保护的投入力度，同时结合积极的市场调控，引导社会各方参与生态保护，合理利用生态资源，重点加强对基本农田的保护，建立耕地保护的专项资金，根据耕地面积，按照不低于400元/亩的标准予以生态补偿。同时，对于水稻主产区采取不同等级的补偿措施，连片1 000~10 000亩的水稻田，按200元/亩予以生态补偿；连片10 000亩以上的水稻田，按400元/亩予以生态补偿。截至2019年，已经实施四轮生态补偿。

(五)江苏省昆山市进行耕地轮作休耕

昆山市推进耕地轮作休耕制度试点。2015年，昆山市出台《关于推广农村新型合作农场的若干意见》，实行耕地轮作休耕，在技术、组织等方面展开探索，积累经验。2016年，昆山市出台《昆山市耕地轮作休耕试点实施办法》，在沿河湖水网、主干道路优先

①胡旭珺，周翟尤佳，张惠远，等.国际生态补偿实践经验及对我国的启示[J].环境保护，2018，46(2)：76-79.

常态化开展耕地轮作休耕。

（1）加强监督。昆山市成立联合领导小组，负责全市耕地轮作休耕的组织领导工作。

（2）优化补贴。政府加大了对耕地轮作休耕的补贴力度，明确轮作换茬每亩补贴400元、深耕晒垡每亩补贴300元。

（3）提升技术。昆山市组织技术骨干成立技术指导小组，完善技术模式，深入开展宣传培训、技术指导工作，并长期跟踪耕地质量变化情况。同时，与南京农业大学合作，筛选适宜本地种植的绿肥品种。

昆山市休耕小麦之后，当季每亩减少化肥使用23千克、农药0.38千克，减轻了化肥、农药对土壤环境带来的危害，有效推动了农业绿色生态发展。

轮作休耕有利于水稻适期播栽和绿色种植，从而提升稻米品质。2018年，淀山湖镇优质水稻“南粳46”种植订单面积达5 000亩，占比近50%，亩均效益较常规种植增加10%以上。同时，通过轮作休耕促进农旅融合发展，拉动地方经济发展。2018年，千灯镇高效农业示范园依托耕地轮作休耕种植300亩油菜、200亩红花草，举办油菜花节，门票收入达52.8万元。

第五章　重庆市耕地生态保护现状分析

一、重庆市概况

重庆市地貌类型以丘陵、低山为主，全市地势由东南部、东北部向长江河谷逐渐降低，西北部和中部地区以丘陵、低山为主，渝东南部地区靠着大巴山和武陵山两座山脉，主要河流有长江、嘉陵江、乌江、涪江、綦江、大宁河等。主要土壤类型有紫色土、黄壤、水稻土、石灰(岩)土、棕壤等。

重庆市自然资源和农业资源丰富，属于国内自然资源富集的地区，而且资源利用价值高，开发潜力很大，农业人口多，农用耕地开发度较高。就气候条件而言，重庆市属亚热带湿润季风气候，冬暖夏热，雾多风小，但是雨量充沛，尤其是春夏交替之时的雨量明显大幅增加，气候湿润，阴天较多，这些自然条件有利于农业的发展，因此，重庆市也是农业大市，农业所占的比重较高。重庆市的经济建设基本形成了大农业、大工业、大交通、大流通并存的格局。2019年，重庆地区生产总值23 605.77亿元，比上年增长6.3%。其中，第一产业增加值1 551.42亿元，增长3.6%。重庆市的主要粮食作物有水稻、玉米、小麦、红薯四大类，其中以水稻为首；另外还有油菜、花生等经济作物，果类作物以及畜牧业产品。

重庆市统计年鉴显示，2016年乡村从业人员有1 302.54万人；2017年乡村从业人员有1 281.69万人；2018年乡村从业人员有1 258.41万人。

重庆市位于北纬28°10′—32°13′，东经105°11′—110°11′之间，地处中国的西南部，位于经济发达的东部地区和自然资源富饶的西部地区之间的过渡地区，东邻湖北、湖南，南靠贵州，西接四川，北连陕西，是长江上游最大的经济中心[①]、西南工商业重镇和水陆交通

①郑子彬，李涛明．自然地理2009年[R]．中国统计出版社，2010.

枢纽。1997年3月14日，第八届全国人民代表大会第五次会议通过了设立重庆直辖市的决议，重庆正式成为继北京、上海、天津之后的第四个直辖市。重庆辖区面积8.24万平方千米，南北长450千米，东西宽470千米。全市共辖26个区、8个县、4个自治县。

二、土地利用现状

首先，根据2016年的国土调查数据，重庆市主城区的土地面积为54.67万公顷，其他区县的土地面积为769.07万公顷，总的土地面积为823.74万公顷，主城区的土地面积仅占6.64%，其他区县的土地面积占93.36%，耕地面积主要集中在除主城区外的区县；其次，从总体耕地情况来看，重庆市耕地后备资源是不足的，大部分适宜农业发展的耕地已经被开垦，不能更深入地开垦和挖掘，否则会引起耕地退化，对耕地生态环境产生破坏。耕地资源区域分布不均，抵抗自然灾害的能力不强、农村人口占比较大、人均耕地面积较少等因素导致重庆市处于一种农业经济发展被制约的困境。

在土地的分布方面，耕地中的灌溉水田主要分布在主城区及其周边，旱地主要分布在渝东南和渝东北地区。以2016年为例，根据统计数据，可以得到重庆市2016年各种土地类型的面积及比例情况。

从表5-1可以看出，2016年，重庆市的土地面积为823.74万公顷。土地分为农用地、建设用地和其他土地，2016年全市农用地面积为683.42万公顷，占土地总面积的82.97%，其中，耕地238.25万公顷，园地27.11万公顷，林地385.46万公顷，草地32.60万公顷，分别占土地总面积的28.92%、3.29%、46.79%和3.96%；全市建设用地为96.57万公顷，占土地总面积的11.72%，其中城镇村及城镇工矿用地57.36万公顷，交通运输用地12.40万公顷，水域及水利设施用地26.81万公顷，分别占土地总面积的6.96%、1.50%、3.25%；全市未利用的其他土地为43.75万公顷，占土地总面积的5.31%。

表5-1　2016年重庆市土地利用现状

统计项	全市土地	农用地				
		耕地	园地	林地	草地	合计
面积/万公顷	823.74	238.25	27.11	385.46	32.60	683.42
比例/%	100	28.92	3.29	46.79	3.96	82.97
统计项	建设用地				其他土地	
	城镇村及城镇工矿用地	交通运输用地	水域及水利设施用地	合计	未利用地	合计
面积/万公顷	57.36	12.40	26.81	96.57	43.75	43.75
比例/%	6.96	1.50	3.25	11.72	5.31	5.31

数据来源：第三次全国国土调查

三、重庆市耕地数量保护现状

2016年，重庆市耕地面积占全国总耕地面积的1.77%，占比较小。同期我国耕地总面积为13 492.1万公顷，由表5-2可知，重庆市耕地面积在全国排名第22位，耕地面积较小，排名靠后。

由表5-3可知，2004—2016年全国耕地面积总体呈增长趋势，这主要是由于随着我国城镇化的快速发展，大量农民进入城市，使农村原有的宅基地复垦，同时城镇化使建设用地的利用更加集约，因此，我国耕地总量在经历了一段时间的减少之后，开始得到一定程度的恢复，2016年耕地面积比2004年有略微增加。2004—2016年耕地面积下降的省（区、市）有18个，重庆市耕地面积年平均增长速度位列全国第6，说明重庆市耕地面积的增长状况处于前列水平。

表5-2　2016年全国各省（区、市）耕地面积及排名

排名	区域	面积/万公顷	排名	区域	面积/万公顷	排名	区域	面积/万公顷
	全国	13 492.10	11	湖北	524.53	22	重庆	238.25
1	黑龙江	1 585.00	12	新疆	521.65	23	浙江	197.46
2	内蒙古	925.80	13	辽宁	497.45	24	福建	133.63
3	河南	811.10	14	江苏	457.11	25	宁夏	128.88
4	山东	760.70	15	贵州	453.02	26	海南	72.27
5	吉林	699.34	16	广西	439.51	27	青海	58.94
6	四川	673.30	17	湖南	414.88	28	西藏	44.46
7	河北	652.05	18	山西	405.68	29	天津	43.69
8	云南	620.78	19	陕西	398.95	30	北京	21.63
9	安徽	586.75	20	江西	308.22	31	上海	19.08
10	甘肃	537.24	21	广东	260.76			

数据来源：EPS数据库

注：港、澳、台地区数据暂缺失。

表5-3　2004—2016年全国各省(区、市)耕地面积年均增长率及排名

排名	区域	增长速度/%	排名	区域	增长速度/%	排名	区域	增长速度/%
	全国	0.003 08	11	江苏	0.002 44	22	福建	-0.006 58
1	云南	0.025 09	12	北京	0.001 30	23	甘肃	-0.008 46
2	上海	0.022 68	13	广西	0.000 01	24	内蒙古	-0.008 77
3	河北	0.019 02	14	江西	-0.000 24	25	山东	-0.010 21
4	海南	0.017 13	15	贵州	-0.000 90	26	天津	-0.012 81
5	四川	0.014 71	16	新疆	-0.001 47	27	陕西	-0.018 74
6	重庆	0.010 34	17	宁夏	-0.002 82	28	青海	-0.020 90
7	吉林	0.010 15	18	广东	-0.004 41	29	浙江	-0.025 41
8	西藏	0.005 59	19	河南	-0.004 50	30	黑龙江	-0.037 90
9	湖南	0.004 85	20	辽宁	-0.005 90	31	安徽	-0.040 94
10	山西	0.004 04	21	湖北	-0.006 11			

数据来源:EPS数据库

注:港、澳、台地区数据暂缺失。

四、重庆市耕地质量保护现状

据2016年国土资源部发布的相关数据,全国耕地质量评定为15个等别,1等表示耕地质量最好,15等表示耕地质量最差。2016年全国耕地质量平均等别为9.96等,相比于2014年末的等级,总体状况较为稳定;分等别来看,2016年全国耕地质量优等、高等、中等和低等的耕地面积占比分别为2.90%,26.59%,52.72%,17.79%,表明我国耕地质量状况以中低等为主,重庆市耕地质量的发展状况也不容乐观。由于数据限制,此处选择全国各省(区、市)耕地粮食单产状况来反映其耕地质量状况。

从表5-4中可以看出,2016年我国平均粮食单产为5 452千克/公顷,粮食单产超过全国平均的有吉林等16个省(区、市),而重庆市粮食单产在全国排名倒数第13位,未达到全国平均水平。由于我国整体耕地质量为9.96等,处于中等偏下水平,也反映出重庆市耕地质量状况较差。重庆市中低产耕地面积比重较大,总体质量差,且有部分坡耕地土层不

厚，因此抗旱、保水、保肥能力弱，抗灾能力差，另外季节性降雨量较大和土壤污染等因素也是造成耕地质量差的原因。

表5-4　2016年全国各省(区、市)粮食单产及排名

排名	区域	粮食单产/(千克/公顷)	排名	区域	粮食单产/(千克/公顷)	排名	区域	粮食单产/(千克/公顷)
	全国	5 452	11	河南	5 781	22	广西	5 031
1	吉林	7 402	12	湖北	5 757	23	海南	4 936
2	上海	7 079	13	西藏	5 571	24	内蒙古	4 806
3	辽宁	6 501	14	福建	5 531	25	宁夏	4 762
4	江苏	6 380	15	天津	5 497	26	云南	4 246
5	新疆	6 298	16	河北	5 469	27	山西	4 068
6	山东	6 258	17	广东	5 421	28	甘肃	4 053
7	北京	6 148	18	四川	5 398	29	陕西	4 003
8	湖南	6 039	19	重庆	5 182	30	贵州	3 830
9	浙江	5 992	20	安徽	5 143	31	青海	3 681
10	江西	5 800	21	黑龙江	5 132			

数据来源：EPS数据库

注：港、澳、台地区数据暂缺失。

从表5-5可以看出，2004—2016年全国粮食单产整体增速为0.013 88%，全国有12个省份粮食单产增速大于全国平均水平，而重庆市粮食单产年均增长率为0.010 93%，低于全国平均水平，处于第16位，说明重庆市粮食单产年平均增长率处于全国中等水平，还需要不断提升耕地的质量，提高粮食单产。

按照空间地理位置重庆可分为四个不同的区域即渝西、渝中、渝东北和渝东南地区，四个区域的耕地质量等别空间分布不平衡，耕地质量状况差异较大。受土壤等环境因素影响，高等别耕地集中分布在渝中和渝西等地区。

表5-5　2004—2016年全国各省(区、市)粮食单产年均增长率及排名

排名	区域	增长速度/%	排名	区域	增长速度/%	排名	区域	增长速度/%
	全国	0.013 88	11	陕西	0.015 76	22	辽宁	0.007 87
1	黑龙江	0.031 24	12	安徽	0.014 13	23	广东	0.007 05
2	北京	0.025 51	13	天津	0.013 86	24	湖南	0.007 02
3	内蒙古	0.024 37	14	云南	0.013 15	25	江苏	0.006 18
4	河北	0.023 66	15	江西	0.013 05	26	浙江	0.003 59
5	宁夏	0.021 97	16	重庆	0.010 93	27	西藏	0.003 55
6	甘肃	0.020 45	17	山西	0.009 54	28	上海	0.002 49
7	吉林	0.020 22	18	新疆	0.009 34	29	青海	0.001 46
8	广西	0.019 66	19	福建	0.008 99	30	湖北	0.001 46
9	海南	0.017 06	20	四川	0.008 80	31	贵州	0.000 99
10	河南	0.016 52	21	山东	0.007 90			

数据来源:EPS数据库

注:港、澳、台地区数据暂缺失。

五、重庆市耕地生态环境保护现状

耕地生态环境是我国耕地生态保护的重要方面,是耕地数量和耕地质量保持长久可持续发展的重要保证。在耕地生态环境中,化肥和农药的使用情况对耕地内部生态环境有直接影响,而森林覆盖率则在一定程度上可以反映耕地外部生态环境。从耕地化肥施用量情况来看,2016年全国平均耕地化肥施用量为443千克/公顷,重庆耕地化肥施用量为404千克/公顷,最高为广东达1 001千克/公顷,[①]最低为西藏133千克/公顷。根据国际标准,化肥施用量在250千克/公顷及其以下均不会对耕地生态环境造成负面影响。从图5-1可知,2016年除黑龙江和西藏等少数几个省份的化肥施用量小于250千克/公顷外,包括重庆市在内的大部分省份化肥施用量均超标,表明我国在化肥使用方面还比较粗放,同时也表明总体上我国耕地内部生态环境状况不容乐观,重庆的耕地生态环境状况也不容乐观。从我国各省份的农药施用量来看(见图5-2),2016年,我国单位耕地农药施用量

①孙培蕾."丝绸之路经济带"背景下新疆农业竞争力研究[D].石河子:石河子大学,2017:75-76.

最高为47.1千克/公顷,最低为2千克/公顷。根据国际标准,若单位耕地的农药施用量在30千克/公顷及其以下,不会对耕地生态环境产生消极影响。2016年,我国绝大多数省份的单位耕地农药施用量均在30千克/公顷以下,表明我国在农药施用量方面整体情况较好。重庆市的单位耕地农药施用量为7.4千克/公顷,而全国平均水平为12.9千克/公顷,说明重庆在农药施用量控制这一方面做得较好。从森林覆盖率来看(见图5-3),2016年,我国各省(区、市)中森林覆盖率最大为福建的66%,最小为新疆的4.2%。总体来看,福建、江西、浙江和广西等地区的森林覆盖率较高,而新疆、青海、天津等地区的森林覆盖率则较低。重庆的森林覆盖率为38.4%,处于较高水平,对耕地生态环境保护起到积极的作用。

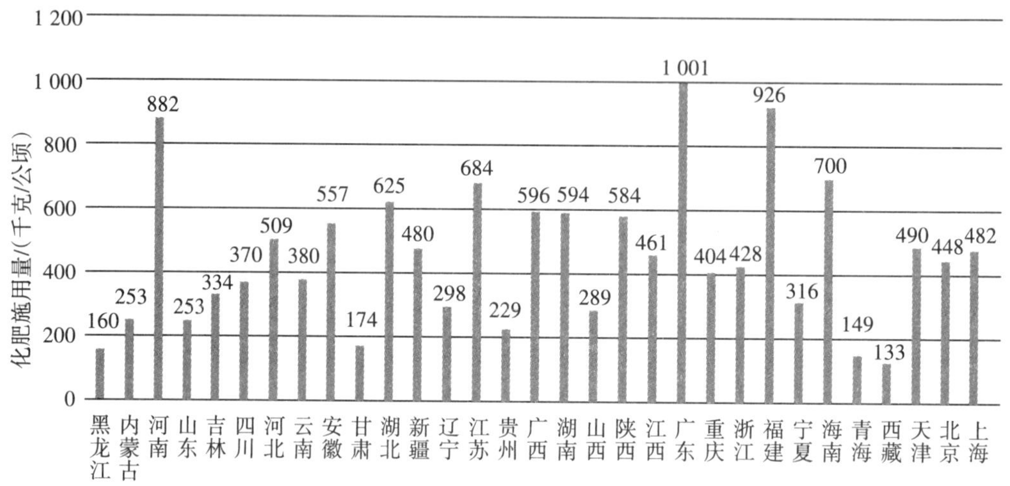

图5-1 2016年我国各省(区、市)耕地化肥施用量

注:港、澳、台地区数据暂缺失。

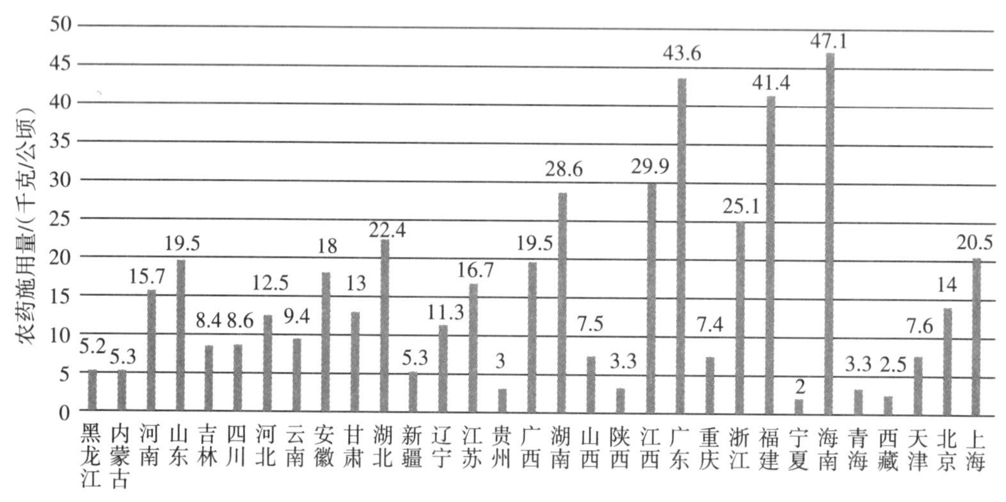

图5-2 2016年我国各省(区、市)单位耕地农药施用量

注:港、澳、台地区数据暂缺失。

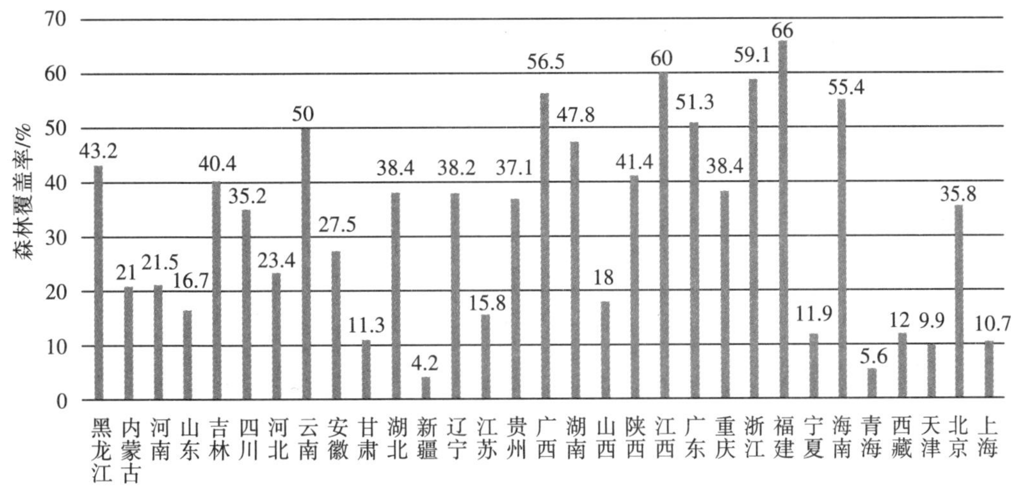

图5-3　2016年我国各省（区、市）森林覆盖率

注：港、澳、台地区数据暂缺失。

六、耕地利用中存在的问题

（一）耕地数量规模小，用地结构不合理

就耕地总量而言，2016年重庆市耕地总面积为238.25万公顷，同期我国耕地总面积为13 492.10万公顷，重庆市耕地总面积占全国耕地总面积的1.77%，在全国排名第22位，整体耕地数量规模较小。就用地结构而言[①]，2016年重庆市农用地面积占土地总面积的82.97%。从农用地内部结构来看，林地为主要用地，耕地的面积仅占35%左右，因此，耕地在数量上还有提高的空间，农用地在用地结构上仍需优化。

（二）耕地质量不佳，分布不平衡

2016年全国耕地质量优等、高等、中等和低等的耕地面积占比分别为2.90%，26.59%，52.72%，17.79%，全国整体耕地质量处于中等偏下水平，重庆市整体耕地质量状况也不容乐观。根据可以反映耕地质量的耕地粮食单产状况来看，重庆市粮食单产在全国排名倒数第13位，且未达到全国平均水平。从粮食单产的增长率来看，重庆市粮食单产年均增长率低于全国平均水平，处于第16位，还需要不断提升耕地的质量，提高粮食单产。同时，渝西、渝中、渝东北和渝东南四个区域的耕地质量等别空间分布不平衡，耕地质量状况差异较大。受土壤等环境因素影响，高等别耕地集中分布在渝中和渝西等地区，渝东南石漠化地区和渝东北秦巴山区则主要以低等耕地为主。

①赵红娟.承接产业转移背景下重庆市土地利用管理研究[D].北京：首都经济贸易大学，2015.

(三)耕地利用粗放,生态保护缺乏力度

农户缺乏生态保护的常识和环保意识,在利用耕地的过程中常常只顾及短期利益而没有考虑和保护耕地的可持续发展能力。农户在日常耕作过程中多是依靠经验和口口相传的知识以及个人习惯进行耕作,非常缺乏专业的技能培训和操作指导。这就需要政府部门出台相关的政策和措施来帮助农户提高素质和意识,使耕地利用形成系统化、标准化和专业化的模式,而不是粗放地进行生产劳作,在农药和化肥的使用上多加引导,保持耕地的生态环境和自然资源状况良好。只有这样才能将人与自然结合起来共同实现绿色发展,实现人与自然和谐统一。

第六章　农户在耕地生态保护利益博弈中的失衡与平衡

一、利益主体的划分

要实现耕地保护目标，除了法律、政策、规划等手段外，还应该从各耕地保护利益主体的关系出发，利用博弈的思想对各利益主体间的关系进行分析①，从而有利于耕地生态保护激励机制的合理建立，提高利益主体保护耕地的积极性（田华，2008）。在耕地保护过程中，涉及政府、农村集体经济组织、农民和用地者等多种主体的多层利益博弈关系。不同学者也从不同角度对耕地保护的利益主体进行了分析。于兰红（2009）认为农民拥有耕地产权、与他人之间的利益博弈权和参与政策制定的权利，同时政府对农民的耕地保护行为实行严格的奖惩制度，因此，农民是利益博弈主体中的重要组成部分；而开发商等利益集团是依靠"腐蚀"政府权力"寻租"行为实现利益最大化的特殊利益集团，故对其不做讨论。肖轶等（2011）认为农地非农化利用过程实际是中央政府、地方政府与农户之间的利益分配过程，他通过对以上利益主体实行博弈分析后指出中央政府应加大耕地保护行为的奖励力度，并与地方政府共同完善相关政策，保障农民的利益，提高其保护耕地的积极性。马爱慧等（2012）将耕地保护的利益主体划分为宏观层面与微观层面，其中中央与地方政府代表宏观层面，农民与市民代表微观层面，其认为中央政府有必要作为媒介调节微观层面中农民的补偿意愿与市民的支付意愿，从而调整利益主体间的利益分配关系，实现激励机制的有效发挥。毋晓蕾等（2014）以中央与地方政府以及农户作为耕地保护主体，运用博弈分析法得出实现三者保护行为一致性的核心在于重新构建耕地保护激励机制的结论。本书以中央政府、地方政府与农民作为耕

①田华．耕地保护机制研究——以天津市为例[D]．天津：天津师范大学，2008：10-11.

地生态保护中参与博弈的利益主体进行讨论分析。

中央政府作为宏观层面的利益主体，代表着国家的整体利益，其工作职能包括负责全国性耕地保护政策的制定与发布，监督全国耕地保护工作的顺利开展，确保耕地维持现有数量的同时质量与生态问题也得到改善。为了保障国家粮食安全、耕地资源与社会及经济的协调发展，中央政府从国家发展战略的角度制定了世界上最严格的耕地保护政策，自上而下实行分级管理，监督地方政府与农民的行为，以达到自身利益最佳的目的。但中央政府在实现自身利益最佳的过程中还应考虑到地方政府与农民的意愿问题。

地方政府作为中观层面的利益主体，中央政府赋予的权利使其成为耕地保护政策执行的代理人与责任人。与中央政府不同，地方政府具有双重目标性，在负责相应区域的耕地保护工作过程中，要求促进本地经济发展、增加本地财政收入的同时提升地方官员的政绩。在财政压力与政绩压力的双重压力条件下，地方政府为了自身利益的最大化有足够的动机使其行为与中央政府保护耕地的政策目标发生背离，致使政策执行效果不佳。

农民作为微观层面的利益主体，直接参与耕地保护工作，其行为与耕地保护政策最终的实行效果密切相关。耕地作为生产资料，能为农民带来一定的经济利益，使农民的基本生活得到保障。在耕地保护行为中，虽然农民也能获得一定的经济利益，但由于其独自承担着保护耕地的成本，同时耕地保护行为的社会价值与生态价值又被他人无偿享用，农民处于利益主体中的弱势地位。另外，随着农民非农收入的明显增加，其作为理性经济人，为了实现自身利益的最大化，保护耕地行为的积极性将大大降低。因此在耕地资源的数量、质量和生态环境保护上，以及在耕地生态保护制度内部主体博弈中，农民扮演着重要的角色。

假设前提1：中央政府、地方政府及农民在博弈过程中的信息是完全的，联系渠道是公开的。其中为了简化研究，地方政府假定只设有一级①。

假设前提2：中央政府、地方政府及农民均为理性经济人，三者在耕地保护过程中均追求自身利益的最大化。

假设前提3：中央政府具有监督检查的职能，并根据地方政府与农民的耕地保护行为分别实行奖惩措施。对于耕地保护行为，中央政府实行奖励措施；对于耕地不保护行为，中央政府实行处罚措施。且受罚的损失大于获得奖励的收益。

①毋晓蕾，梁流涛，陈常优．耕地保护主体行为分析及补偿激励机制构建[J]．河南大学学报(社会科学版)，2014，54(06)：32-39.

二、利益主体间的利益博弈

(一)中央政府与地方政府的利益博弈

假设在耕地面积既定的前提下，由于农民在制衡地方政府方面具有主动权，因此，当耕地非农化时，中央政府的收益为R_G，地方政府的收益为R_g，农民的收益为R_f，其中农民的收益R_f远远大于中央政府的收益R_G或地方政府的收益R_g。另外，农民受到中央政府的惩罚成本为K_f，地方政府受到中央政府的惩罚成本以及试图逃避惩罚而产生的寻租成本为K_g，其中成本K_f大于农民的收益R_f，成本K_g大于地方政府的收益R_g。当农民对耕地进行严格保护时，其获得的中央政府奖励收益为G，联系收益为U。

根据第一部分中的三个假设前提，本小节继续作出以下假设。

(1)在中央政府制定出耕地保护政策并严格实行监督职能的条件下，地方政府若采取相应措施严格执行耕地保护政策，则获得的收益包括综合收益a和中央政府奖励性收益B_1，且中央政府的收益在此时为综合收益A；地方政府若不采取相应措施严格执行耕地保护政策，则获得的收益为农民的收益R_f，受到的惩罚成本为成本K_g，综合收益为$-a$，且中央政府的收益在此时为综合收益A与上述中央政府的收益R_G之和。

(2)在中央政府制定出耕地保护政策但并不严格实行监督职能的条件下，地方政府若采取相应措施严格执行耕地保护政策，则获得的收益为c，且中央政府的收益在此时为A_0，其中包含综合收益$-A$；地方政府若不采取相应措施严格执行耕地保护政策，则获得的收益为$-a_0$，且中央政府的收益在此时为$-C_0$。

根据以上假设可以得出中央政府与地方政府间博弈的收益矩阵，如表6-1所示。

表6-1　中央政府与地方政府间耕地保护博弈模型的收益矩阵

主体行为	地方政府严格保护	地方政府不严格保护
中央政府严格监督	$(A,a+B_1)$	$(A+R_G,-a-K_g+R_f)$
中央政府不严格监督	$\{A_0(-A),c\}$	$(-C_0,-a_0)$

(3)从中央政府的角度进行分析，从表6-1可以看出，当地方政府采取相应措施严格执行耕地保护政策，同时中央政府制定出耕地保护政策并严格实行监督职能，中央政府的收益在此时为综合收益A；相反，在中央政府制定出耕地保护政策但不严格实行监督职能的条件下，中央政府的收益在此时为A_0(包含综合收益$-A$)。另外，中央政府保护耕地可以使成本部分降低，但由于农民与政府间博弈具有制衡主动权，因此成本不会下降太多。而此时中央政府失去了广大农民的支持与信任，所以其理性的选择应是严格实行监督职能，使表中A大于A_0。若中央政府制定出耕地保护政策并严格实行监督职能，地方政府不采

取相应措施严格执行耕地保护政策，则中央政府获得的收益为$A+R_G$，相反则为$-C_0$。显然，中央政府作为理性的经济人，其选择的应是严格实行监督职能。

而从地方政府的角度进行分析，从表6-1可以看出，若中央政府制定出耕地保护政策并严格实行监督职能，同时地方政府采取相应措施严格执行耕地保护政策，此时获得的收益为$a+B_1$；相反，在地方政府不采取相应措施严格执行耕地保护政策的条件下，此时获得的收益为$-a-K_g+R_f$。比较以上两收益，$a+B_1$大于$-a-K_g+R_f$，因此地方政府作为理性的经济人，其选择的应是严格执行耕地保护政策。若中央政府制定出耕地保护政策但不严格实行监督职能，而地方政府采取相应措施严格执行耕地保护政策，此时获得的收益为c；反之，获得的收益为$-a_0$，在考虑了农民的权利和利益的博弈后可知c大于$-a_0$，因此，此时地方政府的选择应是采取相应措施严格执行耕地保护政策。二者的均衡状态见表6-2。

表6-2　划线法寻找纳什均衡

主体行为	地方政府严格保护	地方政府不严格保护
中央政府严格监督	$(\underline{A}, \underline{a+B_1})$	$(\underline{A+R_G}, -a-K_g+R_f)$
中央政府不严格监督	$\{A_0(-A), c\}$	$(-C_0, -a_0)$

从表6-2可知，当中央政府制定出耕地保护政策并严格实行监督职能，同时地方政府采取相应措施严格执行耕地保护政策时，该处单元格中的两个收益值均带有横线，因此中央政府与地方政府应分别在严格监督与严格保护的策略上合作，使双方利益关系一致，该处即为纳什均衡解。

（二）中央政府与农民的利益博弈

根据第一部分中的三个假设前提，本小节继续作出以下假设。

（1）在中央政府制定出耕地保护政策并严格实行监督职能的条件下，农民若对耕地进行严格保护，则获得的收益包括持续收益U和中央政府奖励性收益G，且中央政府的收益在此时为综合收益A；反之，农民对耕地不进行严格保护，则获得的收益为R_f，受到的惩罚成本为成本K_f，综合收益为$-n\times U$，其中n表示时间无限期，且中央政府的收益在此时为综合收益A与上述中央政府的收益R_G之和。

（2）在中央政府制定出耕地保护政策但并不严格实行监督职能的条件下，农民若对耕地进行严格保护，则获得的收益为c，且中央政府的收益在此时为A_0，其中包含综合收益$-A$；农民若对耕地不进行严格保护，则获得的收益为$-a_0$，且中央政府的收益在此时为$-C_0$。

根据以上假设可以得出中央政府与农民间博弈的收益矩阵，如表6-3所示。

表6-3　中央政府与农民间耕地保护博弈模型的收益矩阵

主体行为	农民严格保护	农民不严格保护
中央政府严格监督	$(A, U+G)$	$(A+R_G, -n\times U-K_f+R_f)$
中央政府不严格监督	$\{A_0(-A), c\}$	$(-C_0, -a_0)$

从中央政府的角度进行分析，从表6-3可以看出，当农民对耕地进行严格保护，同时中央政府制定出耕地保护政策并严格实行监督职能，中央政府的收益在此时为综合收益A；相反，在中央政府制定出耕地保护政策但不严格实行监督职能的条件下，中央政府的收益在此时为A_0（包含综合收益$-A$）。另外，中央政府保护耕地可以使成本部分降低，但此时中央政府会失去广大农民的支持与信任，因此其理性的选择应是严格实行监督职能，使表中A大于A_0。若中央政府制定出耕地保护政策并严格实行监督职能，农民对耕地不进行严格保护，则中央政府获得的收益为$A+R_G$，相反则为$-C_0$。显然，中央政府作为理性的经济人，其选择的应是严格实行监督职能。

而从农民的角度进行分析，从表6-3可以看出，若中央政府制定出耕地保护政策并严格实行监督职能，同时农民对耕地进行严格保护，此时获得的收益为$U+G$；相反，在农民对耕地不进行严格保护的条件下，此时获得的收益为$-n\times U-K_f+R_f$。比较以上两收益，$U+G$大于$-n\times U-K_f+R_f$，因此农民作为理性的经济人，其选择的应是对耕地进行严格保护。若中央政府制定出耕地保护政策但不严格实行监督职能，而农民对耕地进行严格保护，此时获得的收益为c，反之获得的收益为$-a_0$，在考虑了农民的权利和利益的博弈后可知c大于$-a_0$，因此此时农民的选择应是对耕地进行严格保护。二者的均衡状态见表6-4。

表6-4　划线法寻找纳什均衡

主体行为	农民严格保护	农民不严格保护
中央政府严格监督	$(\underline{A}, \underline{U+G})$	$(\underline{A+R_G}, -n\times U-K_f+R_f)$
中央政府不严格监督	$\{A_0(-A), c\}$	$(-C_0, -a_0)$

从表6-4可知，当中央政府制定出耕地保护政策并严格实行监督职能，同时农民对耕地进行严格保护时，该处单元格中的两个收益值均带有横线，因此中央政府与农民应分别在严格监督与严格保护的策略上合作，使双方利益关系一致，该处即为纳什均衡解。

（三）地方政府与农民的利益博弈

同样根据第一部分中的三个假设前提，本小节继续作出以下假设。

（1）在地方政府采取相应措施严格执行耕地保护政策的条件下，农民若对耕地进行严格保护，则获得的收益包括持续收益U和中央政府奖励性收益G，且地方政府的收益在此时为综合收益$a+B_1$；反之，农民对耕地不进行严格保护，则获得的收益为R_f，受到的惩罚成本为成本K_f，综合收益为$-n\times U$，其中n表示时间无限期，且地方政府的收益在此时为综合收益c，其中包括中央政府奖励性收益G。

（2）在地方政府不采取相应措施严格执行耕地保护政策的条件下，农民若对耕地进行严格保护，则获得的收益为c，其中包括中央政府奖励性收益G，且地方政府的收益在此时获得的收益为R_g和综合收益$-A$，受到的惩罚成本为成本K_g；农民若对耕地不进行严格保护，则获得的收益为$-a_0$，其中包括中央政府惩罚性损失K_f，且地方政府的收益在此时为$-C_0$，其中包括中央政府惩罚性损失K_g。

根据以上假设可以得出地方政府与农民间博弈的收益矩阵，如表6-5所示。

表6-5　地方政府与农民间耕地保护博弈模型的收益矩阵

主体行为	农民严格保护	农民不严格保护
地方政府严格保护	$(a+B_1, U+G)$	$\{c(G), -n\times U-K_f+R_f\}$
地方政府不严格保护	$\{R_g-A-K_g, c(G)\}$	$\{-C_0(K_g), -a_0(K_f)\}$

从地方政府的角度进行分析，从表6-5可以看出，在农民对耕地进行严格保护的条件下，地方政府采取相应措施严格执行耕地保护政策，地方政府的收益在此时为$a+B_1$；相反，在地方政府不采取相应措施严格执行耕地保护政策的条件下，地方政府的收益在此时为R_g-A-K_g，比较以上两收益，$a+B_1$大于R_g-A-K_g，显然，地方政府作为理性的经济人，其选择应是采取相应措施严格执行耕地保护政策。

而从农民的角度进行分析，从表6-5可以看出，若地方政府采取相应措施严格执行耕地保护政策，同时农民对耕地进行严格保护，此时农民获得的收益为$U+G$；相反，在农民对耕地不进行严格保护的条件下，此时获得的收益为$-n\times U-K_f+R_f$。比较以上两收益，$U+G$大于$-n\times U-K_f+R_f$，因此农民作为理性的经济人，其选择应是对耕地进行严格保护。若地方政府不采取相应措施严格执行耕地保护政策，而农民对耕地进行严格保护，此时农民获得的收益为c，其中包括中央政府奖励性收益G，反之获得的收益为$-a_0$，其中包括中央政府惩罚性损失K_f，比较以上两收益，c大于$-a_0$，因此此时农民的选择应是对耕地进行严格保护。二者的均衡状态见表6-6。

表6-6　划线法寻找纳什均衡

主体行为	农民严格保护	农民不严格保护
地方政府严格保护	$(\underline{a+B_1}, \underline{U+G})$	$\{\underline{c(G)}, -n\times U-K_f+R_f\}$
地方政府不严格保护	$\{R_g-A-K_g, c(G)\}$	$\{-C_0(K_g), -a_0(K_f)\}$

从表6-6可知，当地方政府采取相应措施严格执行耕地保护政策，同时农民对耕地进

行严格保护时，该处单元格中的两个收益值均带有横线，因此地方政府与农民应共同在严格保护耕地的策略上合作，使双方利益关系一致，该处即为纳什均衡解。

从以上分析可以看出，中央政府、地方政府及农民在分别两两博弈中实现自身利益最大化是在同时选择严格监督或严格保护耕地的条件下达成的，即实现共赢的局面是三者处于均衡点状态。

（四）农民拥有博弈权的三方博弈

中央政府制定出耕地保护政策并严格实行监督职能的同时对农民耕地保护行为采取一定激励手段，农民的权利得到了更加切实保障。为了方便对比，提出简化的表达式 $Y=f(Z,D,P)$，其中 Y 指耕地保护的效果，Z 指农民自觉保护耕地行为的积极性，D 指目前耕地非农化的需求，P 指国家实行严格监督职能对耕地保护的效果，即对以上三种因素对耕地保护效果的影响进行分析。

首先，农民保护耕地积极性的高低与中央政府实行相关激励措施有关。农民拥有耕地的直接使用权，若中央政府给予的激励具有足够的吸引力，那么农民保护耕地的积极性也会增强。其次，随着我国工业化与城市化的大力推进，经济社会各方面对建设用地的需求急剧增加，因此耕地非农化的需求仍会日益高涨。最后，国家实行严格监督职能对耕地具有保护作用，一方面表现在中央政府会从国家整体利益的角度加大对耕地保护的支持；另一方面表现在地方政府担心若自身发生违规行为会受到中央政府的严肃处理，因此地方政府会采取相应措施严格执行耕地保护政策。总的来看，在以上三种因素中，只有耕地非农化的需求会对耕地保护效果产生负效应，而农民自觉保护耕地行为与国家实行严格监督职能均会对耕地保护产生正效应，使耕地保护最终显示为正效应。

（五）博弈权对农民的重要激励作用

通过对中央政府、地方政府与农民之间博弈过程进行分析，可大致掌握各利益主体的行为，并从中选择出最优策略。在对耕地保护行为进行激励后，农民拥有该行为的利益分享权和博弈权，即农民在利益主体中的弱势地位得到提升。同时，农民对耕地保护行为有了更深层次的认识后保护耕地的积极性得到增强，耕地也会因此得到更合理更高效的利用。另外，地方政府在财政与政绩的双重压力下易产生与中央政府保护耕地的政策目标发生背离的现象，比如地方政府为了获得一定的经济利益不惜使大量耕地资源非农化等，这些现象会因农民拥有的博弈权而得到抑制。

第七章　绿色发展导向下重庆市农户耕地生态保护激励机制分析

一、耕地生态保护激励原则

（一）帕累托最优原则

帕累托最优又被称作帕累托效率、帕累托最佳配置，最早由意大利经济学家帕累托应用于社会福利最大化的研究。耕地资源属于自然资源的一种。在自然资源保护过程中，由于帕累托最优状态是一种理想化的状态，因此想要在现实生活中达到帕累托最优并不容易，其间往往伴随着受益方和受损方的同时出现。生态补偿兼顾了大多数人和人们长远的利益，是在自然资源开发过程中在生态环境层面实现帕累托最优的有效方法（张燕、张洪，2010），耕地生态保护激励机制同样如此。耕地具有调节气候、涵养水源、保持土壤、养分循环与持留、净化环境、保存物种基因等生态环境功能。对耕地保护者进行激励，虽然短期内会损失部分利益，但从长远来看，激励主体与对象的利益均能得到保证。耕地生态保护激励机制就是通过不断的帕累托改进最终达到帕累托最优。

（二）公平优先效率跟进原则

耕地资源的非市场价值包括社会价值与生态价值，它们不能以市场价格衡量，存在明显的正外部性。耕地生态保护作为一种具有正外部性的经济行为（刘尊梅、韩学平，2010），为耕地资源带来了巨大的生态价值。如果忽视了耕地资源中正外部性的存在，将会出现市场失灵与资源配置失衡的现象。与此同时，耕地资源配置中的市场失灵和政府失灵是由于缺乏对耕地保护者的有效激励而导致的（周小平等，2010）。从公平的角度来看，耕地保护者放弃获得利益的机会与利益各方共同享受耕地的生态价值，最终却由其独

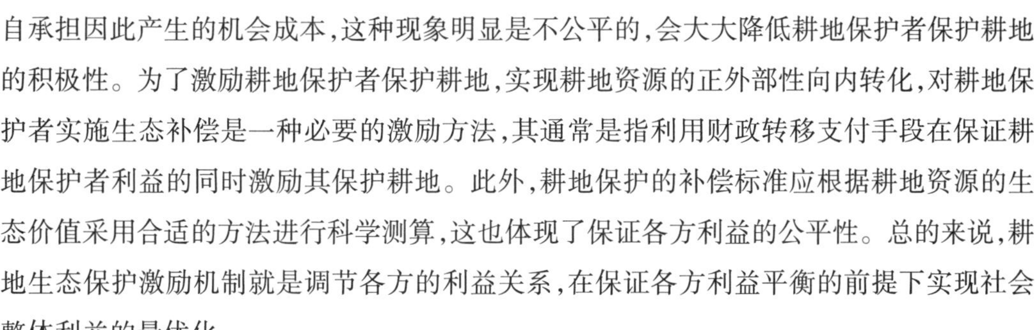
自承担因此产生的机会成本，这种现象明显是不公平的，会大大降低耕地保护者保护耕地的积极性。为了激励耕地保护者保护耕地，实现耕地资源的正外部性向内转化，对耕地保护者实施生态补偿是一种必要的激励方法，其通常是指利用财政转移支付手段在保证耕地保护者利益的同时激励其保护耕地。此外，耕地保护的补偿标准应根据耕地资源的生态价值采用合适的方法进行科学测算，这也体现了保证各方利益的公平性。总的来说，耕地生态保护激励机制就是调节各方的利益关系，在保证各方利益平衡的前提下实现社会整体利益的最优化。

（三）“谁受益、谁补偿”原则

党的十八届三中全会提出了生态补偿制度“谁受益、谁补偿”的原则，为了进一步完善生态补偿机制，国务院办公厅随后印发了《关于健全生态保护补偿机制的意见》。该意见将补偿范围限定在生态保护领域，明确了生态保护补偿机制的核心是让生态受益者付费、生态保护者获得合理的补偿。相较于之前“谁污染、谁治理”的原则，“谁受益、谁补偿”原则让生态保护者从源头对自然资源进行生态保护，缓解了资源环境的进一步恶化，普遍获得国内学者们的认可。另外，“谁受益、谁补偿”原则明确了生态补偿的补偿主体与补偿对象，通过生态受益者对生态保护者进行生态补偿，弥补了生态保护者独自承担生态保护的机会成本，同样也体现了各方之间的利益平衡[①]。

耕地属于生态保护补偿的重点领域，完善耕地领域的生态保护补偿制度尤为重要。目前我国耕地生态保护的补偿主体主要指政府，补偿对象指农户。耕地生态保护补偿是指政府运用行政与经济手段去平衡其与农户之间的利益关系，即在政府的引导下农户采取耕地生态保护措施就能获得一定的资金补贴支持，利用这样的激励制度间接保障或增加农户的收入水平，提高农户参与耕地生态保护的积极性，从而使耕地生态保护达到更好的效果。

（四）可持续发展原则

耕地资源是土地资源中的重要组成部分，具有稀缺性。随着我国人口的不断增加与经济的快速发展，耕地资源在数量与质量方面均受到严重的破坏。同时，耕地资源配置中出现的市场失灵和政府失灵现象导致耕地资源利用效率低下，造成了耕地资源的大量浪费。可持续发展原则是指通过采取耕地资源优化配置措施，协调社会进步、经济增长与环境保护过程中的人地矛盾，在提高耕地单位面积利用效率的同时保护耕地，这为改善耕地资源目前面临的严峻局面提供了良好的思路。从耕地生态保护的角度来看，耕地保护者如果忽视了耕地生态保护中的可持续发展原则，长此以往耕地资源的生态价值将得不到

①闫明豪.我国自然保护区生态保护红线法律制度研究[D].长春:吉林大学,2017:65.

保障,不仅损害耕地保护者的利益,还将损害后代人的利益。因此,依据可持续发展原则,在提高耕地资源利用效率的同时激励耕地保护者对耕地资源进行生态保护,保障其生态价值,并通过构建耕地生态保护激励机制提高耕地保护者保护耕地的积极性,在保障耕地生态价值的基础上最终实现耕地资源的可持续利用。

二、耕地生态保护经济补偿的对象、主体及客体

目前,生态保护补偿机制已经成为调节资源受益方与受损方之间生态经济利益分配关系的主要经济手段。耕地生态保护经济补偿就是在遵循可持续发展理论、需求与资源相互协调促进经济发展的前提下,在保障耕地资源经济价值、社会价值及生态价值的目标下激励农户,提高农户的积极性,让更多的农户参与生态保护服务,进一步提升耕地的生态效益。

耕地生态保护经济补偿范围包含区内与区际间的经济补偿(田春、李世平,2010)。区内经济补偿重点是对耕地进行生态保护与生态建设,促进耕地生态系统的良好发展,具体表现为实施经济补偿后,经济补偿的接受者即农户在耕地保护意愿方面有无变化。区际间经济补偿的核心是解决区域间耕地生态效益的不平衡问题,其主要目的是使区域间耕地生态效益能协调稳定发展。由于本书研究的是农户接受经济补偿行为是否会对耕地生态保护意愿产生影响,因此,本书研究的补偿范围属于区内经济补偿。

一般而言,生态保护经济补偿的主体是指对资源生态环境造成不良影响或者能从生态保护过程中获得利益的单位和个人,生态保护经济补偿的对象是指为前者提供生态价值与服务的单位和个人。地方政府由于既要落实中央政府给定的保护耕地的任务,同时也要因此丧失通过开发建设获取更多经济利益的机会,地方政府在耕地生态保护中具有双重性,因此中央政府进行补偿的对象不仅包括农户还包括地方政府。但因为本书研究的是政府对农户耕地生态保护的激励机制,因此在研究中耕地生态保护经济补偿的主体主要是指中央政府,补偿的对象是指农户,地方政府不在考虑范围之内。政府对耕地生态保护者即农户进行经济补偿是通过非市场途径进行的,比如直接给予有耕地保护行为的农户一定财政补贴,通过实行减免税费、优惠贷款等一系列支农惠农措施,间接提高农户的收入水平。另外,政府补偿还可以以与市场补偿及社会补偿相结合的方式加大对农户保护耕地的补偿力度,激励农户保护耕地。

三、耕地生态保护激励机制经济补偿标准

(一)依据耕地资源的生态价值确定补偿标准

耕地资源除了具有经济价值、社会价值以外,还包括生态价值(汪峰,2001)。对耕地生态价值的定义国内学者们有着相似的理解。陆国庆(1997)认为耕地的生态价值是指耕地及耕地上的植物构成的生态系统所具有的生态价值,包括调节气候、净化与美化环境、维持生物多样性等方面的价值。之后有学者对其进行了补充说明,认为耕地的生态价值是指耕地生态系统的各项生态功能能给人类生存和发展带来的效用或效益的价值,耕地的生态功能具体包括调节气候、涵养水源、保持水土、生产有机质、维持生物多样性、休闲娱乐、文化教育等,是耕地价值中最难以货币衡量的价值(马文博,2012;赵涛涛、王旺,2018)。

补偿标准对实现耕地受益者与保护者之间的利益平衡发挥着关键作用(马文博,2012)。耕地受益者与保护者之间的利益平衡是通过耕地产品由正外部性向内部转化或者使耕地产品从准公共品向私有物品转化实现的,目前被国内大多数人认可的对耕地保护者实行生态价值补偿就是一种能使各方利益达到平衡的有效方法(张燕梅,2013;尹国庆、马友华、毛雪,2016;杨萌,2018)。与此同时,耕地的生态价值属于非市场价值,不能直接以市场价格来衡量,需要利用价值定量化的测算方法间接评估耕地的生态价值。而且目前学术界对耕地生态补偿标准的测算通常以对耕地生态价值的测算为依据(李晓燕,2017;杨彬如、李全新,2018)。因此,补偿标准可以依据耕地生态价值的价值量来确定。

(二)耕地资源生态价值的测算

目前,国内外学者对耕地资源生态价值尚未形成统一的测算体系,对生态价值的科学量化研究仍是耕地资源补偿标准的重点与难点,研究中常用的测算方法包括三类:当量因子评估法、替代市场法与条件价值评估法。

1.当量因子评估法

当量因子评估法是在区分不同种类生态系统服务功能的基础上,基于可量化的标准构建不同类型生态系统各种服务功能的价值当量,然后结合生态系统的分布面积进行评估的方法(谢高地等,2015)。由于谢高地等学者建立的当量因子表反映的是各项生态系统服务功能在全国范围内的平均水平,因此,国内不少学者对该表中的生态系统服务价值当量进行修正,以获得更加合理的生态价值。汪冰等(2012)利用此表中农田生态系统服务功能的价值当量,在进一步细分农田主要作物的基础上引入了平衡城市化进程系数作为控制城市化进程速度和加大政策调控力度的因素,重新构建了农用地转用生态价值评估模型。王晓瑜等(2016)基于此表,在考虑了人们支付意愿与资源承压性对耕地资源价值影响的情况下,采用时点数据对团风县耕地资源生态价值进行评估修正。宋成舜等(2017)利用物价指数和王万茂等(1997)利用耕地生态系统潜在经济产量对此表中农田生态系统服务功能的价值当量进行修正,测算得出2014年武汉城市圈的耕地资源在各地区各项服务功能方面的生态价值。以上研究结果均反映的是静态的生态系统服务价值。随着研究的深入,国内部分学者(赵永华等,2011;张颖聪,2012)认为生态系统服务功能存在时空动态变化,谢高地等(2015)因此引入植被净初级生产力(NPP)、降水和土壤保持调节因子对以往测算静态生态系统服务价值的当量因子表进行修正,创建了测算动态生态系统服务价值的当量因子表,但国内学者目前主要还是以谢高地等2008年提出的生态系统服务价值当量因子表为依据进行修正,测算耕地资源在时间与空间动态变化中的生态价值(杨子睿等,2018;杨文杰等,2019)。

当量因子评估法利用当量因子表中的生态系统服务价值对耕地资源生态价值进行测算。该方法操作简单,结果方便比较,能实现对耕地资源生态价值的快速测算。但该方法也存在不足,比如当量因子表中生态服务功能的分类会影响测算结果的准确性,进而影响耕地资源的补偿标准。因此,准确测算耕地资源的生态价值需要进一步区分当量因子表中的生态服务功能类型,目前我国生态服务功能类型已由9种进一步细分增加到11种(谢高地等,2015)。

2.替代市场法

替代市场法是指当环境物品无法反映市场价格时,采用替代市场价格的方法间接对资源环境价值进行定量测算,具体可以细分为旅行费用法、市场价值法、机会成本法、影子价格法等。在国外,该方法有着较为广泛的应用。Pimentel D等(1997)将环境生态服务功能划分为有机废物处理、土壤形成、生物固氮、生物害虫防治、植物授粉等方面,对生物多样性进行定量测算分析,为制定生物多样性保护策略提供基础。Clawson M等(1968)运用旅行费用法对环境资源进行价值测算。Farquharson R J等(2017)以澳大利亚维多利亚州北部古尔本河为例,利用影子分析法测算水资源在环境与农业之间的最优分配。国内学者主要先是通过参照生态系统服务价值当量因子表(谢高地等,2008;谢高地等,2015)确定耕地生态服务功能类型,接着运用市场替代法分别测算各类型的生态服务价值,进而测算出耕地生态价值。许恒周(2010)以江苏省为例,运用价值量评价法测算各项生态服务功能价值,并估算在非农化过程中损失的耕地资源生态服务价值。王冬银等(2013)运用生产成本法、影子价格法等估算方法,估算重庆市1997—2011年的耕地资源生态服务价值。唐秀美等(2018)将北京市耕地生态价值功能分为气体调节功能、净化环境功能、涵养

水源功能、固土保肥功能和营养物质循环功能五类，并以北京市1980年、1995年、2000年和2013年的土地利用现状图为基础，采用影子工程法、机会成本法和替代成本法等方法对这4期耕地生态价值进行了测算。

替代市场法通过区域实际数据定量测算耕地资源的生态价值，使补偿标准的确定更加合理。但由于学术界对耕地资源生态价值的研究存在多种测算方法与手段，加上耕地之间的生态价值往往具有差异，因此，在采用替代市场法时应当根据区域实际情况选择合适的计量方法去测算耕地资源生态价值，提高补偿标准的精确性。

3.条件价值评估法

条件价值评估法（CVM）又被称为假设市场法、意愿调查法等，属于典型的陈述性偏好价值评估方法，是指在假设的市场环境中，预先制定一系列假设的问题，通过调查、问卷等方式直接询问被调查对象对某一环境物品或资源保护措施的支付意愿（WTP）或者因环境破坏及资源损失接受赔偿的意愿（WTA），最后基于被调查对象的支付意愿和接受赔偿的意愿衡量得到环境服务的生态价值。

条件价值评估法最早是由Ciriacy-Wantrup于1947年在其博士论文里提出，该学者认为公共物品的价值可以通过直接询问被调查对象的支付意愿计算得到。但该方法在当时的学术界并未受到关注，直到美国经济学家Davis（1963）用其对美国缅因州的滨海森林娱乐价值进行评估之后才逐渐引起学术界的重视。随后，来自美国加利福尼亚大学的Hanemann教授建立了条件价值评估法与随机效用最大化原理的有效联系（1984），提出了二分式选择法（1994），为条件价值评估法的应用奠定了经济学基础。1992年，美国国家海洋和大气管理局（NOAA）委托诺贝尔经济学奖得主Arrow和Solow及另外四名专家对条件价值评估法的可靠性进行了严格评估，最终认为条件价值评估法是评估非市场价值的重要方法，推动了国内外学者利用条件价值评估法测算资源环境非市场价值的发展。20世纪80年代以来，国外将条件价值评估法逐渐应用到耕地生态价值的评估领域。Stevend等（1986）利用不同发展稠密区景色图片与投标博弈技术研究被调查对象每年保护耕地的最大支付意愿，发现被调查对象对农户保护耕地环境的支付意愿为每年每户76~144美元。Bowker和Didychuk（1994）研究了加拿大耕地保护的生态价值，发现平均每户每年的支付意愿的范围为保护23 750英亩耕地的支付价格为49.07加元，保护47 500英亩耕地的支付价格为67.64加元，保护95 000英亩耕地的支付价格为86.20加元。Vanslembrouck等（2002）在研究比利时农民对农场景观美化和空闲地整治环保项目的参与意愿时发现农户年龄越小及受教育程度越高越愿意参加景观美化项目，同时农户参与空闲地整治环保项目的意愿主要受到农场规模、个人经历及邻居等因素影响，该研究采用Probit模型得出农户接受赔偿的意愿为124~248欧元/公顷·年。我国在20世纪80年代引进了条件价值评估法，主要应用于环境生态价值的评估，比如傅缓宁等（1987）用其对三峡工程的生态价值进行了评估，张志强等（2002）用其研究了黑河流域居民对恢复张掖地区生态系统服务的支付意愿。随着研究的深入，我国从2005年起先是利用条件价值评估法对耕地非市场价值进行评估，之后再将耕地非市场价值细分为生态价值与社会价值进行评估，研究角度大部分仅从被调查对象的支付意愿出发，对受偿意愿及支付与受偿意愿相结合的思考很少。李孟波（2005）采用条件价值评估法对武汉市耕地资源非市场价值进行评估，认为耕地资源非市场价值的大小可以根据武汉市居民的最大意愿支付的总和表示，且支付意愿的大小受居民的收入水平、文化程度、性别、年龄、家庭规模等多种因素的影响。李广东等（2011）运用条件价值法对三峡生态脆弱区耕地非市场价值进行了评估，研究结果表明受访者对单位耕地的支付意愿为607.65元/公顷·年，三峡生态脆弱区耕地非市场价值约为104.26×10^8元。任斐（2013）采用条件价值评估法，以河南省某县为例，选取250个居民进行问卷调查，研究结果表明城市居民平均支付意愿大于农村居民平均支付意愿，分别为238.83元/人·年和115.08元/人·年，且该县耕地非市场价值为234 996.82万元，其中生态价值105 882.08万元，社会价值129 114.74万元。唐建（2013）选择双边界二分式条件价值评估法的Logistic模型，从城镇居民的支付意愿和农民的受偿意愿两个角度评估耕地生态价值，研究结果表明重庆耕地生态总价值分别为876亿元和2 132亿元。

条件价值评估法是根据被调查者对事先制定好的一系列假设问题的回答评估得到耕地资源的生态价值，在研究过程中往往会由于存在假想市场偏差、问卷设计偏差、核心估值问题偏差、投标起点偏差、无反应偏差、抽样调查偏差、调查人员偏差及调查方式偏差这8种偏差（周颖等，2015）①，导致测算得出的耕地生态价值准确度不高，进而影响了耕地经济补偿标准的确定。因此，在运用条件价值评估法评估耕地生态价值的同时应加强对减小偏差处理方法的研究以提高耕地经济补偿标准的准确性。

四、耕地生态保护补偿方式

补偿方式的合理选择对激励农户保护耕地具有十分重要的作用。资金补偿是指政府通过财政转移支付等手段对农户进行资金补贴。其中农户的社会保障补偿是以资金补偿

①周颖，周清波，周旭英，等．意愿价值评估法应用于农业生态补偿研究进展[J]．生态学报，2015，35(24)：7955-7964.

方式进行的，通过农村社会保障体系实现。实物补偿是指政府给予农户种子、有机肥、有机农药等生产资料的补偿，间接增加农户收入，达到激励农户保护耕地的目的。技术补偿是指政府安排专家向农户提供耕作及种植方面的技能培训与技术指导。

资金补偿是最直接、最能被农户接受的补偿方式，目前我国对耕地保护的补偿多以资金补偿为主，但其补偿标准的合理量化一直是补偿中的难点，补偿过高容易滋生腐败，补偿过低达不到良好的激励效果。实物补偿是一种较为直接的补偿，对农户耕作生产具有良好的实用性与针对性，但是对农户的激励效果较弱。技术补偿虽然不能像前两种方法一样让农户获得直接性的补偿，短时间内对农户的激励效果也不好，但从长远来看，农户会依靠学习到的技能实现作物的科学增收，有利于提高农户保护耕地的积极性。综合比较以上三种补偿方式的优缺点，我国耕地生态保护的补偿方式不应该仅局限于资金补偿，更理想的补偿方式应该是以资金补偿为主，实物补偿与技术补偿为辅，即实现三种补偿方式相结合的多元化补偿。与此同时，还可以考虑将以上方式结合市场补偿及社会补偿，进一步加大对农户保护耕地的补偿力度，激励农户保护耕地。

五、本章小结

首先，本章分别从耕地生态保护的激励原则，经济补偿的范围、主体及对象，经济补偿标准，补偿方式四个方面对耕地生态保护激励机制作了详细的介绍。其中“帕累托最优”“公平优先效率跟进”“谁受益、谁补偿”“可持续发展”四条激励原则是耕地生态保护激励机制能有效实施的前提条件。经济补偿的范围、主体及对象明确了耕地生态保护关联方的利益关系。其次，本章简要说明了经济补偿标准可以依据耕地资源的生态价值进行测算，并将生态价值的测算方法归纳为当量因子评估法、替代市场法与条件价值评估法三种方法进行介绍，分别评价了每种方法的优缺点。最后，本章对耕地生态保护的补偿方式进行了分类比较，得出耕地生态保护的理想化补偿方式应该是以资金补偿为主，实物补偿与技术补偿为辅的多元化补偿方式。

第八章　基于重庆市农户调查的耕地生态保护意愿及影响因素

一、数据来源

本研究主要以重庆市耕地生态作为研究对象，所涉及的宏观数据，如各省份耕地面积、粮食产量和森林覆盖率等，主要来源于国家统计局网站、《中国统计年鉴》、各省份的《统计年鉴》以及各省份统计公报等。

本研究的微观农户调查数据，全部来源于重庆市部分典型区县的抽样调查。具体包括：抽取酉阳、黔江作为重庆东南部地区的典型代表；抽取巫山、奉节、云阳为重庆东北部地区的典型代表；抽取南川、璧山作为重庆西部地区的典型代表；抽取垫江作为重庆中部地区的典型代表。本研究主要采取分层逐级抽样和随机抽样相结合的调研方法，具体调研方式为：在研究区域选择耕地面积相对较多的区域，随机抽取农户发放问卷。本研究主要针对调研样本地农户的个体特征情况、家庭特征情况、生产特征情况、认知程度情况以及受偿金额意愿等五方面进行调研。2017年5月23日，由研究组主要负责人对招募的30名调查员进行了培训，并让其参与了现场模拟调查，旨在提高调查员的熟悉度与访问能力，要求调查员保留调研语音及相关录音资料，以保证调研数据质量。实地调研工作于2017年6月—2017年9月展开，调查员根据调研反馈情况，对问卷进行了修改补充和完善。在调查员进行第一轮检查核对后，研究组成员对搜集的第一手资料进行检查，剔除部分不合格的问卷数据，严格把控数据质量，最后再由研究组负责人对各组检查后的数据进行汇总，对检查过的数据再次进行核对。调研共发放问卷200份，最终收回问卷190份，经

过严格的三轮审核，剔除缺失值问卷、异常值问卷后，最后整理出183份合格的农户样本数据，各区县调研数据分布情况见表8-1。

表8-1　各区县调研数据分布情况

指标	样本区域							
	酉阳	垫江	璧山	云阳	南川	巫山	奉节	黔江
问卷数量/份	67	10	17	14	36	14	15	10
占比/%	36.61	5.46	9.29	7.65	19.67	7.65	8.20	5.46

注：数据由农户调研问卷整理而得。

从上表可以看出，调研共涉及重庆市的八个代表性区县，共获得有效问卷183份，其中酉阳67份，占总调研样本的36.61%；垫江10份，占总调研样本的5.46%；璧山17份，占总调研样本的9.29%；云阳14份，占总调研样本的7.65%；南川36份，占总调研样本的19.67%；巫山14份，占总调研样本的7.65%；奉节15份，占总调研样本的8.20%；黔江10份，占总调研样本的5.46%。各区县调研样本数量和样本分布区域均具有一定代表性。

二、样本地农户耕地生态保护受偿意愿现状

耕地生态保护，一方面是国家提出的一大耕地保护政策目标，另一方面也是目前对耕地实行更加全面保护的重要举措。但耕地生态保护是一个兴起时间不长的概念，农户对这一概念的理解程度如何尚未可知。针对这个问题，调研组在调研过程中首先调查了农户对耕地生态保护的看法，为后续进一步的调研分析做铺垫。当农户被问及"您认为耕地生态保护的重要程度"时，在183户农户中，回答"很重要"的有132户，占72.13%；回答"一般"的有38户，占20.77%；回答"无所谓"的则有13户，占7.10%(见表8-2)。由此可知，受访的绝大部分农户均对耕地生态保护有一定程度的了解，且认为耕地生态保护很重要。这表明我国对生态环境保护的宣传和耕地生态保护的提倡对农户有显著的积极影响。但依旧有约28%的农户对耕地生态保护的重视度不足，说明在以后的耕地生态保护工作中，针对农户的实际情况，进一步加强对农户关于生态环境和耕地生态保护的宣传和激励将是有效促进区域耕地生态保护状况改善的重要手段。而根据相关文献，农户耕地生态保护行为包含多个方面，但多数学者多从化肥、农药和耕地休耕等方面对耕地生态保护行为进行研究，本书也从化肥、农药和休耕三个角度对耕地生态保护行为的受偿意愿进行分析。

表8-2　受访农户耕地生态保护态度情况

指标	您认为耕地生态保护的重要程度		
	很重要	一般	无所谓
户数/户	132	38	13
占比/%	72.13	20.77	7.10

化肥的减量化和无害化施用行为，是农户耕地生态保护的重要措施。由于目前绿色无害化的化肥施用行为普及度较低，所以在受偿意愿调查中，主要从化肥减量化生产的角度体现农户现阶段的耕地生态保护行为，而对化肥无害化施用则在化肥施用的认知行为中体现。在预调研阶段，调研组发现在当前阶段，几乎不可能让农户完全放弃施用化肥，只能采取一定措施使农户适当减少对化肥的施用，将农业耕作中的化肥施用量控制在合理范围内。当受访农户被问及“假定给予您多少元/亩·年的补贴，您在耕地生产中化肥施用量可在现有基础上减少50%?”问题时，其答案包含从150元以内到2 000元共8个等级的答案选项，具体调研情况见表8-3。

表8-3　受访农户化肥施用减量受偿意愿情况

指标	化肥施用减量受偿金额的意愿/元							
	150以内	151~300	301~450	451~600	601~800	801~1 000	1 001~1 500	1 501~2 000
户数/户	11	37	13	17	14	12	27	52
占比/%	6.01	20.22	7.10	9.29	7.65	6.56	14.75	28.42

从表8-3可知，在183户受访农户中，仅有11户农户选择受偿金额在150元以内的选项，占总受访农户的6.01%；有37户农户选择受偿金额在151~300元区间的选项，占总受访农户的20.22%；有13户农户选择受偿金额在301~450元区间的选项，占总受访农户的7.10%；有17户农户选择受偿金额在451~600元区间的选项，占总受访农户的9.29%；有14户农户选择受偿金额在601~800元区间的选项，占总受访农户的7.65%；有12户农户选择受偿金额在801~1 000元区间的选项，占总受访农户的6.56%；有27户农户选择受偿金额在1 001~1 500元区间的选项，占总受访农户的14.75%；有52户农户选择受偿金额在1 501~2 000元区间的选项，占总受访农户的28.42%。其中，选择高受偿金额（600元以上）的农户占总受访农户的57.38%。这一方面，进一步说明了农民的“经济人”特征，农户在面临政策补偿或补贴时会出现补贴越多越好的倾向，故在耕地生态保护激励中，合理适当的经济激励是重要激励措施之一。另一方面，也表明化肥在当前农业生产中的重要性，若轻易减少化肥施用，则在短期内易造成较大的农业损失。

农药的施用情况对耕地的生态状况同样具有重要的影响，农药的减量化生产行为，也

是耕地生态保护的重要举措。同样在调研过程中，发现当前让农户放弃对农药的施用，会影响农户的正常农业生产，使农业产出大幅下降，进而威胁区域粮食安全，这与耕地生态保护的最终目标相悖，故在当前阶段针对耕地生态保护中农药施用控制的重点应是在农业生产中适当减少农药的施用量，将之控制在合理范围内。当受访农户被问及"假定给予您多少元/亩·年的补贴，您在耕地生产中农药施用量可在现有基础上减少50%?"问题时，其答案同样包含从150元以内到2 000元共8个等级的选项，具体调研情况见表8-4。

表8-4 受访农户农药施用减量受偿意愿情况

指标	农药施用减量受偿金额的意愿/元							
	150以内	151~300	301~450	451~600	601~800	801~1 000	1 001~1 500	1 501~2 000
户数/户	22	33	20	12	7	10	29	50
占比/%	12.02	18.03	10.93	6.56	3.83	5.46	15.85	27.32

从表8-4可知，在183户受访农户中，有22户农户选择受偿金额在150元以内的选项，占总受访农户的12.02%；有33户农户选择受偿金额在151~300元区间的选项，占总受访农户的18.03%；有20户农户选择受偿金额在301~450元区间的选项，占总受访农户的10.93%；有12户农户选择受偿金额在451~600元区间的选项，占总受访农户的6.56%；有7户农户选择受偿金额在601~800元区间的选项，占总受访农户的3.83%；有10户农户选择受偿金额在801~1 000元区间的选项，占总受访农户的5.46%；有29户农户选择受偿金额在1 001~1 500元区间的选项，占总受访农户的15.85%；有50户农户选择受偿金额在1 501~2 000元区间的选项，占总受访农户的27.32%。其中，选择高受偿金额(600元以上)的农户占总户数的52.46%，相比于化肥减量受偿中大部分农户选择高受偿金额的情况要少，这一方面是由于农药的价格比化肥要低很多，另一方面是由于目前农药的其他无害化替代品如灭蚊灯等的使用开始在农业生产中得到普及，农药的减量化成本相对较低，从而提出的补贴金额水平也相对较低。

休耕是用地和养地相结合的耕地利用方式，一方面可以使耕地生态环境得到恢复，防止出现水土流失等土壤受损的现象；另一方面可以保存地力，使耕地质量得到长期保障，实现真正的"藏粮于地"。休耕是耕地生态保护的重要举措，也是农户保护耕地的重要方式。当受访农户被问及"假定给予您多少元/亩·年的补贴，您在耕地生产中愿意将现有耕地每隔一年休耕一次?"时，其答案同样包含从150元以内到2 000元共8个等级的选项，具体调研情况见表8-5。

表8-5 受访农户休耕受偿意愿情况

指标	休耕受偿金额的意愿/元							
	150以内	151~300	301~450	451~600	601~800	801~1 000	1 001~1 500	1 501~2 000
户数/户	3	1	5	8	6	12	19	129
占比/%	1.64	0.55	2.73	4.37	3.28	6.56	10.38	70.49

从表8-5可知,在183户受访农户中,仅有3户农户选择受偿金额在150元以内的选项,占总受访农户的1.64%;有1户农户选择受偿金额在151~300元区间的选项,占总受访农户的0.55%;有5户农户选择受偿金额在301~450元区间的选项,占总受访农户的2.73%;有8户农户选择受偿金额在451~600元区间的选项,占总受访农户的4.37%;有6户农户选择受偿金额在601~800元区间的选项,占总受访农户的3.28%;有12户农户选择受偿金额在801~1 000元区间的选项,占总受访农户的6.56%;有19户农户选择受偿金额在1 001~1 500元区间的选项,占总受访农户的10.38%;有129户农户选择受偿金额在1 501~2 000元区间的选项,占总受访农户的70.49%。其中,选择高受偿金额(600元以上)的农户占总户数的90.71%,即绝大部分农户选择了高受偿金额;同时值得注意的是,选择最高额度的农户为129户,占总受访农户的70.49%,这表明在耕地休耕行为方面,农户的受偿意愿的金额最高。这一方面是由于耕地休耕给农户特别是种粮大户带来的损失更大,需要更高的补偿才能弥补其损失;另一方面是休耕所带来的生态效益明显,但是经济效益在短期内则难以体现,使得农户需要更多的补贴才能弥补其应有的经济效益。

从表8-3、表8-4和表8-5中农户耕地生态保护行为中的化肥减量化、农药减量化和休耕等行为的受偿意愿情况可以看出,总体受偿意愿的金额由高到低依次为休耕、化肥减量化和农药减量化,这也和采取各行为所付出的成本直接相关。故在农户耕地生态保护过程中,除了要重视农户的耕地生态效益、保持地力以外,还要兼顾对农户耕地生产经济效益的重视,才能使耕地生态保护的激励机制长久可持续。

三、样本地农户耕地生态保护受偿意愿影响因素的描述统计

(一)样本农户个体特征

调查显示,在受访的183户农户中,男性有114户,女性有69户,分别占总受访数的62.30%和37.70%,表明本问卷受访农户的性别分布较为均匀。其年龄大多分布在40~60岁之间,平均年龄为53.21岁,表明目前重庆市农村务农主体年龄偏高。在受教育程度方

面，小学及以下和初中学历的受访农户占86.34%。通过详细了解发现，多数农户小学或初中尚未毕业便辍学务农，表明目前农村务农主体的受教育程度偏低。

从农户的兼业状况来看，受访农户中有58户即31.69%的农户存在兼业情况，甚至有的农户主要以兼业为生，而务农则变成了副业。具体来看，兼业农户的主要兼业方式是外出务工，其人数占总兼业人数的58.62%。对剩余68.31%以务农为主的农户的调查发现，很多农户在农闲时，也或多或少会从事类似帮工等的兼业。这表明农户普遍存在兼业现象，也说明农业生产给农户带来的经济效益，难以满足农户需求。而耕地生态保护行为，在短期内不仅不能满足农户对经济效益的需求，还可能会损害农户的农业生产效益。故需建立完善的耕地生态保护机制，在保护耕地的生态效益的同时，不断发掘生态效益中的经济效益，保障农户的经济收入。

农户是耕地的直接经营者，其耕地保护意识对建立完善的农户耕地生态保护激励机制具有重要作用。当被问及“您最关心的环境污染问题是什么”的时候，在空气污染、水污染、耕地污染和噪声污染4个选项中，仅有67户农户选择了耕地污染，占总受访农户的36.61%(见表8-6)。这表明多数农户一方面并未树立起防止耕地污染的意识，另一方面也较少关注自己利用耕地的污染问题。

表8-6　受访农户个体特征情况

问题	选项	户数/户	占比/%
性别	男	114	62.30
	女	69	37.70
受教育程度	文盲	7	3.83
	小学及以下	96	52.46
	初中	62	33.88
	高中/技校/中专	13	7.10
	大专	0	0.00
	本科	5	2.73
	研究生及以上	0	0.00
最关心的环境污染问题	空气污染	31	16.94
	水污染	70	38.25
	耕地污染	67	36.61
	噪声污染	15	8.20

（二）样本农户家庭特征

样本数据显示，在受访农户中，多数农户家庭属于三到六口之家，这样的家庭共169户，占总受访农户数的92.35%；其中四口之家最多，有49户，占总受访农户的26.78%。多数家庭的劳动力占比超过一半，表明家庭劳动力缺失的问题并不严重。同时，有14户家庭的劳动力占比为100%。通过详细调查发现，这部分家庭多数由两个老人组成，其子孙后辈很多都离开了农村，这也进一步说明农村务农劳动力的老龄化问题较为严重。

通过进一步对农户家庭成员健康状况的调查（见表8-7）可知，多数农户家庭成员身体健康状况一般，这样的家庭有116户，占比63.39%；身体健康状况较好的则有19户，占比10.38%；身体健康状况较差的则有48户，占比26.23%。这表明受访农户总体身体健康状况一般。

在家庭总收入方面，通过调查，农户年平均家庭总收入为64 693.26元；年平均家庭总支出为34 311.22元。

表8-7　受访农户家庭成员健康状况

问题	选项	户数/户	占比/%
家庭成员身体健康状况	较好	19	10.38
	一般	116	63.39
	较差	48	26.23

（三）样本农户生产特征

农户的耕地生产特征直接关系到耕地状态和农户生产行为。根据调查数据，重庆市平均家庭耕地面积为4.43亩，远高于全国的平均值。但农户之间家庭耕地面积差异较大，统计得到的家庭最小耕地面积为0.1亩，最大耕地面积为50亩，这表明重庆市各区域平均家庭耕地面积有较大差异。在调查中，耕地质量用数字1~3表示，其中1表示较差，2表示一般，3表示优质。从耕地质量来看，水田的平均耕地质量为1.82，处于接近一般的质量状态，而旱地的平均耕地质量为2.04，处于略高于一般的质量状态。从总体来看（见表8-8），耕地质量处于较差状态的有5户，一般状态的有153户，优质状态的有25户，绝大部分农户的耕地质量处于一般状态。由此表明，在耕地面积无法提升的情况下，重庆市需要采取耕地保护措施，不断改善耕地质量。

表8-8　受访农户耕地质量情况

问题	选项	户数/户	占比/%
耕地质量状态	较差	5	2.73
	一般	153	83.61
	优质	25	13.66

从农业收支占比情况来看，根据调查数据，农户的农业收入占家庭总收入的平均值为19.03%，且农户间收入占比的差异非常大。根据统计数据，农业收入占比最小值为0.30%，表明部分农户从事的农业生产以自给自足为主，而其收入主要来源于其他行业的兼业收入；农业收入占比最大值为100%，表明部分农户依旧以务农为生。从农业支出占家庭总支出的比值来看，农业支出平均占比为12.68%，低于农业收入的占比，表明较低的农业经济效益使农户对农业投资的积极性不高。农户间支出占比的差异也非常大，根据统计数据，农业支出占比最小值为0.10%，最大值为100%，与农业收入的占比差异几乎一致。

（四）样本农户对耕地保护的认知程度

农户对耕地生态保护的认知情况，直接影响着农户对耕地生态保护的态度以及耕地生态保护激励机制的效果。样本调查显示（见表8-9），当受访农户被问及“您认为谁应该为耕地质量保护负主要责任”时，在中央政府、地方政府、村民委员会、农户、其他人共5个选项中，选择中央政府的农户有54户，占比29.51%；选择地方政府的农户有29户，占比15.85%；选择村民委员会的农户有38户，占比20.77%；选择农户自身的农户有60户，占比32.79%；而选择其他人的农户则有2户，占比1.09%。由此可知，选择主要责任人为农户的有32.79%，属于相对较高的水平，表明还是有很多农户意识到自身在耕地生态保护中的重要责任，但仍有大部分农户没有意识到自身对耕地生态保护的重要性。当选择“您认为自己的耕地生产经营行为对生态环境有作用或影响”的赞同程度时，有23户农户选择了完全不赞同，占比12.57%；有32户农户选择了比较不赞同，占比17.49%；有42户农户选择了中立，占比22.95%；有62户农户选择了比较赞同，占比33.88%；有24户农户选择了完全赞同，占比13.11%。由此可知，选择完全赞同、比较赞同和中立的农户数量远大于选择完全不赞同和比较不赞同的农户数量，表明多数农户意识到自己的耕地生产经营行为对生态环境有影响。

表8-9　受访农户耕地保护认知情况

问题	选项	户数/户	占比/%
您认为谁应该为耕地质量保护负主要责任	中央政府	54	29.51
	地方政府	29	15.85
	村民委员会	38	20.77
	农户	60	32.79
	其他人	2	1.09

续表

问题	选项	户数/户	占比/%
您认为自己的耕地生产经营行为对生态环境是否有作用或影响	完全不赞同	23	12.57
	比较不赞同	32	17.49
	中立	42	22.95
	比较赞同	62	33.88
	完全赞同	24	13.11

问卷中，农户对化肥施用的认知主要体现在农户对农家肥的认知情况、测土配方施肥和绿肥或秸秆还田益处的认知情况三方面。在农户对农家肥的认知情况方面，当受访农户被问及“您对农业生产中施用农家肥是否了解”时，有168户农户回答“是”，占总户数的91.80%；有15户农户回答“否”，占总户数的8.20%，这表明绝大多数农户对施用农家肥是了解的。在农户对测土配方施肥的认知情况方面，当受访农户被问及“您对农业生产中的测土配方施肥是否了解”时，有33户农户回答“是”，占比18.03%；有150户农户回答“否”，占比81.97%，这说明多数农户对测土配方施肥并不了解。而在农户对绿肥或秸秆还田益处的认知情况方面，当受访农户在选择对“您认为种植绿肥和秸秆还田有利于防止水土流失和风沙侵蚀”的赞同程度时，有2户农户选择完全不赞同，占比1.09%；有7户农户选择比较不赞同，占比3.83%；有47户农户选择中立，占比25.68%；有83户农户选择比较赞同，占比45.36%；有44户农户选择完全赞同，占比24.04%，这表明多数农户对种植绿肥和秸秆还田的做法持赞同态度。受访农户化肥施用认知情况详见表8-10。

表8-10　受访农户化肥施用认知情况

表述	选项	户数/户	占比/%
您对农业生产中施用农家肥是否了解	是	168	91.80
	否	15	8.20
您对农业生产中的测土配方施肥是否了解	是	33	18.03
	否	150	81.97
您认为种植绿肥和秸秆还田有利于防止水土流失和风沙侵蚀	完全不赞同	2	1.09
	比较不赞同	7	3.83
	中立	47	25.68
	比较赞同	83	45.36
	完全赞同	44	24.04

农户对农药施用的认知主要体现在农户对有机农药的认知情况和农户对病虫害治理的认知情况两方面(见表8-11)。在农户对有机农药的认知情况方面,当受访农户在选择对“您认为采用政府推荐的有机农药或无公害农药有益于人的身体健康”的赞同程度时,从完全不赞同到完全赞同5个选项中,有2户农户选择完全不赞同,占比1.09%;有5户农户选择比较不赞同,占比2.73%;有52户农户选择中立,占比28.42%;有70户农户选择比较赞同,占比38.25%;有54户农户选择完全赞同,占比29.51%,这表明多数农户对农业生产中施用有机农药持肯定态度。在农户对病虫害治理的认知情况方面,当受访农户在选择对“您认为病虫害综合治理可以保护耕地生态环境”的赞同程度时,在从完全不赞同到完全赞同5个选项中,有2户农户选择完全不赞同,占比1.09%;有15户农户选择比较不赞同,占比8.20%;有37户农户选择中立,占比20.22%;有80户农户选择比较赞同,占比43.72%;有49户农户选择完全赞同,占比26.78%,这同样也说明绝大部分农户对病虫害治理对耕地生态环境的保护作用持肯定态度。

表8-11　受访农户农药施用认知情况

表述	选项	户数/户	占比/%
您认为采用政府推荐的有机农药或无公害农药有益于人的身体健康	完全不赞同	2	1.09
	比较不赞同	5	2.73
	中立	52	28.42
	比较赞同	70	38.25
	完全赞同	54	29.51
您认为病虫害综合治理可以保护耕地生态环境	完全不赞同	2	1.09
	比较不赞同	15	8.20
	中立	37	20.22
	比较赞同	80	43.72
	完全赞同	49	26.78

农户对农用地休耕的认知主要体现在对休耕的了解程度、防护林建设的认知情况以及深翻地的了解程度三个方面(见表8-12)。在农户对休耕的了解程度方面,当受访农户被问及“您对休耕是否了解”时,有97户农户回答“是”,占比53.01%;有86户农户回答“否”,占比47.00%,这表明有一部分农户对休耕尚不了解,在以后耕地生态保护过程中应加大对休耕的宣传力度。在农户对防护林建设的认知情况方面,当受访农户被问及“您对耕地防护林建设是否了解”时,有68户农户回答“是”,占比37.16%;有115户农户回答“否”,占比62.84%,这表明多数农户对耕地防护林建设的了解程度比较低。在农户对深

翻地的了解程度方面,当受访农户被问及“您对耕地耕作过程中的深翻地是否了解”时,有133户农户回答“是”,占比72.68%;另有50户农户回答“否”,占比27.32%,这表明对深翻地了解的农户多于不了解的农户,但依旧有一部分农户对此不了解。综上所述,农户对耕地生态保护过程中的休耕、防护林建设和深翻地等耕地生产性保护措施均了解不足,将来应加大在这些方面特别是休耕和防护林建设方面的宣传力度,提高农户对其的理解度和接受度。

表8-12 受访农户休耕地认知情况

问题	选项	户数/户	占比/%
您对休耕是否了解	是	97	53.01
	否	86	47.00
您对耕地防护林建设是否了解	是	68	37.16
	否	115	62.84
您对耕地耕作过程中的深翻地是否了解	是	133	72.68
	否	50	27.32

第九章　重庆市农户耕地生态保护行为的实证研究

Logistic回归主要用于探索某种现象与一组影响因素之间的关系，根据这组影响因素的数量变化来预测其与该现象的相关关系。就本研究而言，农户对耕地生态保护行为的态度可以分为：接受与不接受。这是典型的二元选择问题。第八章对183份样本地调查农户的微观数据进行了系统的描述统计，在此基础上，本章选取农户化肥施用行为、农药施用行为和休耕行为受偿意愿为耕地生态保护行为的代表，运用二元Logistic模型分别分析受访农户在耕地生态保护中化肥施用行为、农药施用行为及休耕行为受偿意愿的主要影响因素，以此研究我国农户耕地生态保护的激励机制。

一、农户耕地生态保护化肥施用行为受偿意愿分析

（一）变量选取与测度

基于183份受访农户微观调查数据，结合农户行为理论，本节选取16个解释变量，将农户耕地生态保护化肥施用行为受偿意愿的主要影响因素分为农户的个体特征、家庭特征、生产特征以及认知特征四个维度，并从这四个维度对其进行量化分析，以探究重庆市农户耕地生态保护化肥施用行为受偿意愿的影响因素与作用机理，具体指标如表9-1所示。

表9-1 农户化肥施用受偿意愿影响因素变量选取情况

<table>
<tr><th colspan="2">变量类型</th><th>变量名</th><th>变量代码</th><th>定义及说明</th><th>预期影响</th></tr>
<tr><td>因变量</td><td>受偿意愿</td><td>化肥施用受偿意愿</td><td>y_1</td><td>不愿意接受=0;减少一半使用=1</td><td></td></tr>
<tr><td rowspan="16">自变量</td><td rowspan="4">个体特征</td><td>性别</td><td>x_1</td><td>男性=1;女性=0</td><td>-</td></tr>
<tr><td>年龄</td><td>x_2</td><td>受访者年龄大小,单位:岁</td><td>-</td></tr>
<tr><td>受教育程度</td><td>x_3</td><td>文盲=0;小学及以下=1;初中=2;高中/技术/中专=3;大专=4;本科=5;研究生及以上=6</td><td>+</td></tr>
<tr><td>兼业情况</td><td>x_4</td><td>农户兼营农业生产和非农业活动情况:兼业=1;不兼业=0</td><td>+</td></tr>
<tr><td rowspan="4">家庭特征</td><td>家庭人口数</td><td>x_5</td><td>受访者家庭人口数,单位:人</td><td>+</td></tr>
<tr><td>家庭有效劳动力占比</td><td>x_6</td><td>受访者家庭有效劳动力比重,单位:%</td><td>+</td></tr>
<tr><td>家庭年总收入</td><td>x_7</td><td>受访者家庭年总收入,单位:元</td><td>+</td></tr>
<tr><td>家庭年总支出</td><td>x_8</td><td>受访者家庭年总支出,单位:元</td><td>+</td></tr>
<tr><td rowspan="4">生产特征</td><td>耕地数量</td><td>x_9</td><td>受访者家庭耕地面积,单位:亩</td><td>+</td></tr>
<tr><td>耕地质量</td><td>x_{10}</td><td>受访者家庭耕地质量:较差=1;一般=2;优质=3</td><td>+</td></tr>
<tr><td>家庭年农业收入占比</td><td>x_{11}</td><td>受访者家庭年农业收入占家庭年总收入比重,单位:%</td><td>+</td></tr>
<tr><td>家庭年农业支出占比</td><td>x_{12}</td><td>受访者家庭年农业支出占家庭年总支出比重,单位:%</td><td>+</td></tr>
<tr><td rowspan="4">认知特征</td><td>生产负影响认知</td><td>x_{13}</td><td>对农业生产中的负面影响是否了解:是=1;否=0</td><td>+</td></tr>
<tr><td>农家肥认知</td><td>x_{14}</td><td>对农业生产中施用农家肥是否了解:是=1;否=0</td><td>+</td></tr>
<tr><td>测土配方施肥认知</td><td>x_{15}</td><td>对农业生产中的测土配方施肥是否了解:是=1;否=0</td><td>+</td></tr>
<tr><td>种植绿肥和秸秆还田有利认知</td><td>x_{16}</td><td>认为种植绿肥和秸秆还田有利于防止水土流失和风沙侵蚀:完全不赞同=1;比较不赞同=2;中立=3;比较赞同=4;完全赞同=5</td><td>+</td></tr>
</table>

第一组为受访农户个体特征变量,具体包括受访者的性别、年龄、受教育程度、兼业情况4个变量。从性别差异来看,女性在进行行为决策时更偏向于感性思维,会更多地考虑外界因素的影响,因此,在耕地保护行为决策中,女性接受政府新政策的意愿比男性更强;从年龄层面来看,农户年龄越大,对新事物的接受能力越低,会更偏向于依靠自己长期积累的经验,对化肥施用行为的受偿意愿就越弱;从受教育程度层面来看,受教育程度越高,

环境保护的意识越强，对耕地生态保护行为的认可程度则越高，能意识到化肥的过度施用对耕地生态保护的影响，更容易接受补偿而减少化肥的施用量；与非兼业农户相比，当农户逐渐兼做非农职业，他们会因为对农业生产活动的关注减少而愿意接受补偿，减少化肥施用量。

第二组指标为农户家庭特征变量，具体包括家庭人口数、家庭有效劳动力占比、家庭年总收入、家庭年总支出4个变量。一般而言，家庭人口数越多，农户接受补偿而减少化肥施用量的意愿越强；同理，当农户家庭有效劳动力占比越高，农户对减少化肥施用量的意愿也越强；农户家庭年总收入越高，则农户愿意减少化肥施用量而接受适当补偿的意愿越强；家庭年总支出越高，农户接受补偿而减少化肥施用量的意愿越强。从某种程度上来说，农户期望通过改用绿色肥料降低生产成本，从而降低家庭总支出水平。

第三组指标为农户生产特征变量，包括耕地数量、耕地质量、家庭年农业收入占比、家庭年农业支出占比。研究发现，农户土地经营规模越大，越容易形成规模经济，因此，家庭耕地数量越多的农户采取接受补偿而减少化肥施用量并运用新技术的耕地保护行为的意愿越强；当农户拥有的耕地质量越高，资源禀赋条件越好，越容易作出理性决策，接受补偿、减少化肥施用量的意愿越强；家庭年农业收入占比越高，农户越愿意减少化肥施用量而接受补偿；与农户家庭特征中家庭年总支出的影响机理一致，当农户家庭年农业支出占比越高，农户则越容易接受补偿以期降低生产成本。

第四组指标为农户对耕地生态保护的认知特征变量。该组变量包括生产负影响认知、农家肥认知、测土配方施肥认知和种植绿肥和秸秆还田有利认知，主要内容是农户对化肥过度施用的负面影响是否了解；对施用农家肥是否了解；对测土配方施肥是否了解；是否赞同种植绿肥和秸秆还田有利于防止水土流失和风沙侵蚀。这4个变量都是农户对耕地生态保护的认知，农户越了解就越愿意接受补偿而减少化肥施用量。

（二）模型构建

在研究经济主体的行为决策中，常常存在经济主体需要在两种决策当中进行选择的情况，并基于其最终的选择进行研究。前文所述，农户耕地生态保护化肥施用行为的受偿意愿受到自身及家庭、资源禀赋、所掌握的各种信息以及对外部环境的认知的影响，因此，本节为了研究重庆市农户耕地生态保护化肥施用行为受偿意愿及其影响因素，以重庆市区县183份微观调查数据为基础，选用二元Logistic模型对农户的行为决策进行回归分析。

本研究将农户耕地生态保护化肥施用行为受偿意愿作为因变量，如果农户接受在耕地生产中化肥施用量可在现有基础上减少50%则定义$y_1=1$，不愿意接受则定义$y_1=0$。

设y=1的概率为p,则y的分布函数为

$$f(y)=p^y(1-p)^{1-y};y=0,1$$

由于因变量的取值范围限制在(0,1)内,因此选取适用于二元因变量分析的Logistic模型,其模型的基本形式如下:

$$\ln\frac{p_i}{1-p_i}=\beta_0+\sum_{i=1}^{n}\beta_i x_i$$

经过Logit变换,得到概率函数与自变量间的线性表达式为

$$P_i=\beta_0+\beta_1x_1+\beta_2x_2+\cdots+\beta_nx_n+\varepsilon$$

P_i为农户是否接受在耕地生产中化肥施用量可在现有基础上减少50%(接受=1,不接受=0),x_i表示影响农户接受在现有化肥施用量的基础上减少50%的第i个指标,β_i表示第i个变量的回归系数,β_0为常数项,具体包括农户个体特征、家庭特征、生产特征、认知特征4大类指标。

(三)实证结果与分析

基于本书第八章的统计分析,为了验证其理论假说,运用二元Logistic回归模型进行分析,具体步骤如下。

(1)自变量间多重共线性检验。

由于所选取的指标之间可能存在线性相关关系即存在多重共线性,最严重的后果将会影响最小二乘估计量的结果,无法识别总体参数,因此在进行二元Logistic回归分析之前需要对本节的16个变量进行多重共线性检验,即检验每一个自变量是否可以用其他一个或几个自变量的线性表达式进行表示。我们把农户是否接受在耕地生产中化肥施用量在现有基础上减少50%作为因变量,把受访者性别、年龄等16个变量作为自变量进行线性回归。若变量之间存在严重的多重共线性,其处理办法是删除对因变量解释较小的、导致严重共线性的变量,或者对模型进行进一步修正。最常规的多重共线性诊断方法是使用容忍度(Tolerance)和方差膨胀因子(VIF)进行检验。表9-2显示,农户耕地生态保护化肥施用行为受偿意愿的16个自变量的容忍度均大于0.1,方差膨胀因子取值在(0,10)范围内,表明自变量之间不存在多重共线性,16个自变量均可保留至下一步回归分析。

表9-2 自变量间的多重共线性检验

自变量	共线性统计量	
	容忍度(Tolerance)	方差膨胀因子(VIF)
x_1	1.23	0.863
x_2	2.04	0.489

续表

自变量	共线性统计量	
	容忍度(Tolerance)	方差膨胀因子(VIF)
x_3	1.78	0.561
x_4	1.45	0.687
x_5	1.90	0.527
x_6	1.79	0.559
x_7	2.71	0.369
x_8	2.92	0.343
x_9	1.76	0.568
x_{10}	1.25	0.800
x_{11}	2.32	0.431
x_{12}	3.83	0.261
x_{13}	1.16	0.863
x_{14}	1.24	0.807
x_{15}	1.27	0.874
x_{16}	1.23	1.812

(2)实证结果与分析。

前文表明这16个变量不存在多重共线性,适合使用二元Logistic模型进行回归分析,本节运用Stata13.0软件对变量进行回归处理,回归结果如表9-3所示,模型的对数似然值为-311.33,伪判定系数R^2为0.112 1,变量在1%的水平上达到了显著,说明该模型能够较好地分析重庆市农户耕地生态保护化肥施用行为受偿意愿的影响因素,具体影响因素分析如下。

第一,农户个体特征的影响。由表9-3回归结果可得,农户的性别回归系数为负,与预期结果一致,由于存在性别差异,女性农户在进行行为决策时更加偏向于感性思维,容易受到外界信息的影响,同时女性农户会更加注重提高耕地的质量以获得长久性发展,与男性农户相比,女性农户接受政府新政策的意愿更强。此外,农户的年龄回归系数为正,说明受访农户年龄较大、务农年限较长,其农业生产经验更加丰富,更加愿意接受补偿而减少化肥施用量并倾向于使用农家肥和绿肥,这一方面可减少农业生产成本,另一方面在不影响农业生产效率的同时获得额外补助。农户兼业情况的回归系数为正,与预期系数一致,可能是由于农户存在兼业情况,农业生产并不是家庭收入的全部来源甚至只占其中的小部分,与不兼业的农户相比对农业生产的关注相对较少,因此,兼业农户接受补偿而减少化肥施用量的意愿更强。农户受教育程度的回归系数为正,表明受教育程度越高的农户由于对耕地生态保护的了解越多,接受补偿而减少化肥施用量的意愿越强。

表9-3 农户耕地生态保护化肥施用行为受偿意愿模型的估计结果

变量类型	变量代码	变量系数	标准差	P值	Exp(B)
个体特征	x_1	-0.030	0.306	0.922	0.970
	x_2	0.030	0.017	0.076	1.030
	x_3	0.210	0.198	0.287	1.234
	x_4	0.565	0.371	0.128	1.760
家庭特征	x_5	-0.012	0.122	0.923	0.998
	x_6	0.804	0.789	0.308	2.234
	x_7	1.126	0.264	0.000	3.084
	x_8	-0.556	0.289	0.054	0.573
生产特征	x_9	0.079	0.208	0.704	1.083
	x_{10}	-0.252	0.294	0.392	0.777
	x_{11}	-0.004	0.008	0.637	0.996
	x_{12}	0.583	0.161	0.000	1.791
认知特征	x_{13}	0.043	0.122	0.723	1.044
	x_{14}	0.306	0.586	0.602	1.358
	x_{15}	-0.329	0.425	0.438	0.719
	x_{16}	0.609	0.194	0.002	1.838
观测值		183			
对数似然值(log likelihood)		-311.33			
Pseudo R^2		0.112 1			

第二,农户家庭特征的影响。从上表可以看出,家庭人口数与家庭年总支出水平对农户接受补偿而减少化肥施用量的影响为负,说明家庭人口数越多,家庭年总支出水平越高,农户更加依赖于农业生产收入来维持家庭生活,减少化肥施用量可能会影响农户的整体收入水平,进而影响家庭的生活水平。相反,当农户家庭务农劳动力人数越多,家庭年收入越高,农户就越倾向于接受一定补偿而减少化肥施用量。

第三，农户生产特征的影响。从表9-3中的回归结果可见，受访者耕地数量与家庭年农业支出占比对农户接受补偿而减少化肥施用量的意愿影响为正。农户所拥有的耕地数量越多，农户施用化肥的成本越高，同理，家庭年农业支出占比越高，接受补偿而减少化肥施用量对农户来说是减少农业生产支出的一种选择，因此，农户更愿意接受补偿。耕地质量与家庭年农业收入占比对农户接受补偿而减少化肥施用量的影响为负，可能的原因是农户所拥有的耕地质量越高，农户减少化肥施用量的预期补偿越高。家庭年农业收入占比越高，说明农业收入是该家庭的重要收入来源，减少化肥施用量可能会影响农户的收入水平。

第四，农户认知特征的影响。可以看出，农户对生产负影响，农家肥，种植绿肥和秸秆还田有利的认知程度对农户接受补偿而减少化肥施用量的影响为正。农户对此三项措施的认知程度越高，则其耕地生态保护意识越强。此外，农户对测土配方施肥的认知程度系数为负，与预期结果不一致，可能的原因是183个农户中表示了解过测土配方施肥技术的农户仅占受访人数的20.2%，目前测土配方施肥技术的普及率不高，农户接受度偏低。

二、农户耕地生态保护农药施用行为受偿意愿分析

（一）变量选取与测度

根据第一部分农户耕地生态保护化肥施用行为受偿意愿的分析方法与结果，为探求农户耕地生态保护农药施用行为受偿意愿的影响因素与作用机理，对183份样本地受访农户的调研数据，同样采取二元Logistic回归模型进行回归分析。

与前文一致，将影响农户对耕地生态保护农药施用行为受偿意愿因素分为农户个体特征、家庭特征、生产特征与认知特征4大类，其中个体特征、家庭特征和生产特征与农户化肥施用行为的变量一致，认知特征则为生产负影响认知、有机农药认知与病虫害治理认知，其变量与变量的具体含义如表9-4所示。

表9-4 农户农药施用受偿意愿影响因素变量选取情况

变量类型		变量名	变量代码	定义及说明	预期影响
因变量	受偿意愿	农药施用受偿意愿	y_2	不愿意接受=0；减少一半使用=1	
自变量	个体特征	性别	x_1	男性=1；女性=0	-
		年龄	x_2	受访者年龄大小，单位：岁	+

续表

变量类型		变量名	变量代码	定义及说明	预期影响
自变量	个体特征	受教育程度	x_3	文盲=0;小学及以下=1;初中=2;高中/技术/中专=3;大专=4;本科=5;研究生及以上=6	+
		兼业情况	x_4	农户兼营农业生产和非农业活动情况:兼业=1;不兼业=0	+
	家庭特征	家庭人口数	x_5	受访者家庭人口数,单位:人	+
		家庭有效劳动力占比	x_6	受访者家庭有效劳动力比重,单位:%	+
		家庭年总收入	x_7	受访者家庭年总收入,单位:元	+
		家庭年总支出	x_8	受访者家庭年总支出,单位:元	+
	生产特征	耕地数量	x_9	受访者家庭耕地面积,单位:亩	+
		耕地质量	x_{10}	受访者家庭耕地质量:较差=1;一般=2;优质=3	+
		家庭年农业收入占比	x_{11}	受访者家庭年农业收入占家庭年总收入比重,单位:%	-
		家庭年农业支出占比	x_{12}	受访者家庭年农业支出占家庭年总支出比重,单位:%	+
	认知特征	生产负影响认知	x_{13}	对农业生产负影响是否了解:是=1;否=0	+
		有机农药认知	x_{14}	对农业生产中施用有机农药是否了解:是=1;否=0	+
		病虫害治理认知	x_{15}	对农业生产中的病虫害治理是否了解:是=1;否=0	+

第一组指标为农户个体特征变量,第二组为农户家庭特征变量,第三组为农户生产特征变量,这三组中具体变量的含义与预期影响与表9-1农户化肥施用受偿意愿影响因素变量选取情况相同,故不再赘述,不同之处在于第四组农户认知特征变量,该组变量包括生产负影响认知、有机农药认知、病虫害治理认知,主要内容是农户是否赞同政府推荐的有机农药或无公害农药有益于人的身体健康,是否赞同病虫害治理可以保护耕地生态环境,农户对其的认知程度越深,说明其对耕地生态保护的认知程度越高,因此接受补偿而减少农药施用量的意愿就越强。

(二)模型构建

本节将农户耕地生态保护农药施用行为受偿意愿作为因变量,如果农户接受在耕地

生产中农药施用量可在现有基础上减少50%，则定义y_2=1，不愿意接受，则定义y_2=0，农药施用行为的分布函数为

$$f(y)=p^{y}(1-p)^{1-y};y=0,1$$

经过Logit变换，得到概率函数与自变量间的线性表达式为

$$P_i=\beta_0+\beta_1x_1+\beta_2x_2+\cdots+\beta_nx_n+\varepsilon$$

在对受访农户的个人、家庭、生产特征以及对耕地生态保护行为的认知特征4个维度的15个自变量进行统计分析后，运用二元Logistic回归模型对农户耕地生态保护行为农药施用行为受偿意愿的影响因素进行分析。

(三)实证结果与分析

(1)自变量间多重共线性检验。

首先，对所选取的15个自变量进行多重共线性检验，检验结果见表9-5。结果显示，各自变量的容忍度(Tolerance)的值均大于0.1，方差膨胀因子(VIF)值的范围均在(0,10)内，由此判断各自变量之间不存在多重共线性，无需替换和删除变量，所选取的自变量全部保留并纳入模型中进行回归。

表9-5　自变量间的多重共线性检验

自变量	共线性统计量	
	容忍度(Tolerance)	方差膨胀因子(VIF)
x_1	1.23	0.815
x_2	1.98	0.505
x_3	1.76	0.568
x_4	1.44	0.695
x_5	1.86	0.536
x_6	1.82	0.550
x_7	2.71	0.369
x_8	2.89	0.346
x_9	1.68	0.594
x_{10}	1.23	0.810
x_{11}	2.19	0.456
x_{12}	3.74	0.267
x_{13}	1.10	0.863
x_{14}	1.24	0.841
x_{15}	1.20	0.836

(2)实证结果与分析。

运用Stata13.0软件对183份受访农户数据进行二元Logistic模型回归处理,模型估计结果如表9-6所示,模型的伪判定系数R^2为0.082 6,对数似然值为-321.39,变量在1%的水平上达到了显著,说明模型总体上能较好地用于分析农户耕地生态保护农药施用行为受偿意愿的影响因素与作用机理,具体影响因素分析如下。

表9-6 农户耕地生态保护农药施用行为受偿意愿模型的估计结果

变量类型	变量代码	变量系数	标准差	P值	Exp(B)
个体特征	x_1	0.192	0.300	0.522	1.212
	x_2	0.009	0.164	0.575	1.010
	x_3	0.004	0.200	0.985	1.004
	x_4	0.714	0.369	0.053	2.041
家庭特征	x_5	-0.103	0.121	0.395	0.902
	x_6	0.744	0.786	0.344	2.103
	x_7	1.144	0.285	0.000	3.140
	x_8	-0.665	0.278	0.017	0.514
生产特征	x_9	-0.129	0.197	0.511	0.879
	x_{10}	-0.177	0.301	0.556	0.837
	x_{11}	0.005	0.008	0.483	1.005
	x_{12}	0.308	0.159	0.054	1.360
认知特征	x_{13}	0.172	0.120	0.886	1.017
	x_{14}	0.163	0.184	0.374	1.177
	x_{15}	0.452	0.188	0.016	1.572
观测值		183			
对数似然值(log likelihood)		-321.39			
Pseudo R^2		0.082 6			

第一组农户个体特征中受访者性别、年龄、受教育程度、兼业情况等变量的系数均为正,与耕地生态保护的化肥施用行为受偿意愿不同,对农药施用行为的受偿意愿来说,男性更愿意接受补偿从而减少农药施用量,原因是年龄越小的男性兼业的可能性越大,当农业生产不是家庭的主要收入来源时,农户对耕地质量的关注度偏低,因此更倾向于接受一定补偿而减少农药施用量。

第二组为农户家庭特征变量，该组变量中家庭人口数、家庭有效劳动力占比、家庭年总收入与家庭年总支出的变量系数符号与农户耕地生态保护化肥施用行为受偿意愿一致，其原因分析与前文一致，此处不过多陈述。

第三组为农户生产特征变量，耕地数量、耕地质量的变量系数为负，与预期不一致，农户耕地经营面积越大，耕地质量越高，说明农户越注重农业生产量的提高，农药的施用能提高农业生产率，因此农户接受补偿而减少农药施用量的意愿更弱。家庭年农业收入占比与家庭年农业支出占比的变量系数均为正，农业收入在家庭总收入的比重越高，农业支出对家庭支出的占有率越高，说明农业生产是农户生活的主要经济来源之一，尤其是农业支出占比具有显著影响，因此，农户在不明显影响农业生产水平的前提下接受补偿以减少农业生产成本的意愿更强。

第四组为农户认知特征变量，包括农户对生产负影响的认知、对有机农药的认知以及对病虫害治理的认知，其回归系数均为正，说明农户对农药施用行为的认知程度越高，其接受补偿而减少农药施用量的意愿越强，原因在于农户对耕地生态保护的接受和认可度越高，其付诸实践的可能性就越大。

三、农户耕地生态保护休耕行为受偿意愿分析

（一）变量选取与测度

关于农户耕地生态保护休耕行为受偿意愿的分析，本研究同样采用二元Logistic回归模型探求其主要影响因素和作用机理。

在4组变量中，认知特征与化肥施用和农药施用行为中的认知特征有所区别，具体包括生产负影响认知、休耕认知、防护林建设认知与深翻地认知，其变量与变量的具体含义如表9-7所示。

表9-7　农户休耕受偿意愿影响因素变量选取情况

变量类型		变量名	变量代码	定义及说明	预期影响
因变量	受偿意愿	休耕受偿意愿	y_3	不愿意接受=0；进行休耕=1	
自变量	个体特征	性别	x_1	男性=1；女性=0	-
		年龄	x_2	受访者年龄大小，单位：岁	+

续表

变量类型		变量名	变量代码	定义及说明	预期影响
自变量	个体特征	受教育程度	x_3	文盲=0；小学及以下=1；初中=2；高中/技术/中专=3；大专=4；本科=5；研究生及以上=6	+
		受访者兼业情况	x_4	农户兼营农业生产和非农业活动情况：兼业=1；不兼业=0	+
	家庭特征	家庭人口数	x_5	受访者家庭人口数，单位：人	−
		家庭有效劳动力占比	x_6	受访者家庭有效劳动力比重，单位：%	+
		家庭年总收入	x_7	受访者家庭年总收入，单位：元	+
		家庭年总支出	x_8	受访者家庭年总支出，单位：元	−
	生产特征	耕地数量	x_9	受访者家庭耕地面积，单位：亩	+
		耕地质量	x_{10}	受访者家庭耕地质量：较差=1；一般=2；优质=3	−
		家庭年农业收入占比	x_{11}	受访者家庭年农业收入占家庭年总收入比重，单位：%	−
		家庭年农业支出占比	x_{12}	受访者家庭年农业支出占家庭年总支出比重，单位：%	+
	认知特征	生产负影响认知	x_{13}	对农业生产负影响是否了解：是=1；否=0	+
		休耕认知	x_{14}	对农业生产中的休耕是否了解：是=1；否=0	+
		防护林建设认知	x_{15}	对农业生产中的防护林建设是否了解：是=1；否=0	+
		深翻地认知	x_{16}	对农业生产中的深翻地是否了解：是=1；否=0	+

（二）模型构建

本节将农户耕地生态保护休耕行为受偿意愿作为因变量，如果农户接受在耕地生产中休耕则定义 y_3=1，不愿意接受则定义 y_3=0；农户耕地生态保护休耕行为的分布函数为

$$f(y)=p^y(1-p)^{1-y};y=0,1$$

经过Logit变换，得到概率函数与自变量间的线性表达式为

$$P_i=\beta_0+\beta_1x_1+\beta_2x_2+\cdots+\beta_nx_n+\varepsilon$$

在对受访农户的个人、家庭、生产特征以及对耕地生态保护行为的认知特征4个维度的16个自变量进行统计分析后，运用二元Logistic回归模型对农户耕地生态保护休耕行

为受偿意愿的影响因素进行分析。

(三)实证结果与分析

(1)自变量间多重共线性检验。

多重共线性检验结果如表9-8所示,各自变量的容忍度(Tolerance)的值均大于0.1,方差膨胀因子(VIF)值的范围在(0,10)之间,可见农户耕地生态保护休耕行为受偿意愿的各自变量不存在多重共线性,所选取的16个指标均可进行二元Logistic回归分析。

表9-8 自变量间多重共线性检验

自变量	共线性统计量	
	容忍度(Tolerance)	方差膨胀因子(VIF)
x_1	1.25	0.800
x_2	2.02	0.494
x_3	1.77	0.565
x_4	1.46	0.684
x_5	1.87	0.533
x_6	1.80	0.557
x_7	2.76	0.363
x_8	2.93	0.342
x_9	1.72	0.581
x_{10}	1.34	0.746
x_{11}	2.40	0.417
x_{12}	3.95	0.253
x_{13}	1.12	0.889
x_{14}	1.67	0.600
x_{15}	1.41	0.710
x_{16}	1.34	1.747

(2)实证结果与分析。

运用Stata13.0软件对183户受访农户数据进行二元Logistic模型回归处理,模型估计结果如表9-9所示,模型的对数似然值为-178.69,伪判定系数R^2为0.115 2,变量在1%的水平上达到了显著,说明模型总体上能较好地用于分析农户耕地生态保护休耕行为受偿意愿的影响因素,具体影响因素分析如下。

表9-9 农户耕地生态保护休耕行为受偿意愿模型的估计结果

变量类型	变量代码	变量系数	标准差	P值	Exp(B)
个体特征	x_1	−0.556	0.391	0.887	0.946
	x_2	0.011	0.026	0.672	1.011
	x_3	0.490	0.289	0.090	1.633
	x_4	0.820	0.440	0.062	2.270
家庭特征	x_5	−0.422	0.166	0.799	0.959
	x_6	−0.370	1.057	0.726	0.691
	x_7	0.046	0.346	0.895	1.047
	x_8	−0.342	0.378	0.364	0.710
生产特征	x_9	0.723	0.245	0.003	2.060
	x_{10}	0.553	0.371	0.136	1.739
	x_{11}	−0.006	0.010	0.532	0.994
	x_{12}	0.262	0.188	0.164	1.299
认知特征	x_{13}	−0.342	0.163	0.036	0.710
	x_{14}	0.102	0.398	0.799	1.107
	x_{15}	−0.288	0.450	0.522	0.750
	x_{16}	−0.335	0.454	0.461	0.715
观测值		183			
对数似然值（log likelihood）		−178.69			
Pseudo R^2		0.115 2			

第一组农户个体特征中受访者性别回归系数为负，年龄、受教育程度、兼业情况等变量的系数均为正，表明在个体特征变量中，在其他条件均保持不变的情况下，年龄对农户休耕行为的影响为正；而性别对农户休耕行为的影响为负，这主要是因为年龄较大、务农年限较长的农户，农业生产经验丰富，更能理解休耕对耕地的保护作用，并且女性受访者的农业生产行为更容易受到政府政策的影响。此外，农户受教育程度越高，越容易存在非农兼业情况，因其对农业生产的关注相对较少，接受补偿而进行休耕的意愿则越强。

第二组农户家庭特征变量。家庭人口数、有效劳动力比重与家庭年总支出的回归系数为负，说明这些因素对农户接受补偿而进行休耕的意愿的影响为负；家庭年总收入的回归系数为正，说明它对农户受偿休耕意愿的影响为正。这主要是因为家庭整体劳动能力越大，家庭中外出务工的劳动力越多，兼业程度越高，家庭开支增加，需要更高的收入支撑，则农户对农业生产的依赖越小，所以农户接受补偿而进行休耕的意愿越强。

第三组生产特征变量。耕地数量、耕地质量与家庭年农业支出占比的变量系数为正，说明对农户接受补偿而进行休耕的影响为正；家庭年农业收入占比的变量系数为负，说明它对农户受偿休耕行为的影响为负。原因在于，农户经营的耕地面积越大，耕地质量越高，农业支出在家庭总支出中的占比越大，说明农户对农业生产更加重视，因此农户更加重视耕地的保护，特别是当出现农业减产，影响农户收入的情况时，农户接受补偿而进行休耕的可能性更大。但当其他变量不变时，农业收入占家庭总收入的比重越大，说明农户对农业生产收入依赖性越强，休耕则意味着直接减少家庭收入，因此农户接受补偿而进行休耕的意愿更弱。

第四组认知特征变量。首先生产负影响认知、防护林建设认知与深翻地认知的回归系数为负，说明它们对农户接受补偿而进行休耕行为意愿的影响为负，与预期相反，可能的原因为重庆地区恶劣天气并不多见，相对于北方地区，农民对防护林建设的作用认知程度不高。其次，重庆地区海拔较高、地形陡峭、崖多、坡密，深翻地需要借助机器设备完成，成本偏高，普及率并不高，因此，农户并不愿意接受。相反，休耕认知的回归系数为正，表明农户越了解休耕对耕地保护的好处，就越愿意接受补偿而进行休耕。

四、本章小结

本章基于农户行为理论，通过对重庆市农户耕地生态保护接受补偿在现有施用量的基础上减少50%化肥与农药施用量以及进行休耕行为的意愿的影响因素与主要作用机理进行实证分析，得出以下结论。

(1)农户是否接受补偿采取减少化肥施用量的耕地保护行为的影响因素中，个体特征中受访者的年龄、受教育程度与兼业情况会直接影响其采用耕地生态保护行为的决策；家庭特征中家庭有效劳动力占比、家庭年总收入、农业年生产支出占家庭年总支出的比重等农户家庭农业生产经营因素同样会影响农户的耕地生态保护行为决策。外部环境中只有对种植绿肥和秸秆还田益处的认知程度对化肥施用受偿意愿有显著影响。

(2)农户耕地生态保护农药施用行为的受偿意愿影响因素中，在样本地区有67.76%的农户了解过政府推荐有机农药的政策，赞同有机农药更有益于人的身体健康，有70.5%的农户对病虫害治理可以保护耕地生态环境表示赞同，了解对病虫害的生态治理。农户的认知程度越高则越倾向于接受补偿而减少农药施用量以保护耕地生态质量,但现实情况说明受访农户对减少农药施用量的耕地生态保护行为的参与度并不高,耕地生态保护宣传有待加强。

农户的兼业情况显著影响了其农药施用行为,当农户存在兼业情况时,对农业的关注度相对更低,接受相应补偿而减少农药施用量的意愿更强;男性比女性更注重耕地质量的保护;年龄越大的农户务农经验丰富,对农药的依赖性相对更低,愿意接受补偿而减少农药施用量;受教育程度越高的农户,对环境保护的关注度和理解度更高,更愿意接受耕地生态保护政策;家庭有效劳动力越多,外出务工的可能性越大,家庭收入则越高,对农业的关注较少,接受补偿而减少农药施用量的意愿更强;家庭人口越多,家庭支出水平越高,对农业收入的依赖性越大,减少农药施用量的意愿越弱。

(3)农户耕地生态保护休耕行为的受偿意愿影响因素中,从农户对休耕行为的认识程度来看,有47%的农户对休耕有利于提高耕地质量的情况并不了解,其中甚至包括不理解休耕行为的农户;在防护林建设方面,由于重庆的地域特征,62.84%的农户并不了解防护林建设的意义;关于深翻地,有72.68%的农户了解其作用,但可能因为相关成本较高,所以其推广度并不高。这都说明政府对耕地生态保护的宣传和支持力度仍需加强。

受教育程度和兼业情况显著影响农户对休耕行为的受偿意愿;女性比男性更容易受到政府政策的影响;年龄越大的农户具有丰富的务农经验,了解耕地休耕的必要性,因此愿意在不过多影响农业生产效率的前提下接受补偿而进行休耕,但其补偿要求更高;家庭人口越多,有效劳动力越多,则在农业生产上花费的人力与财力越多,家庭对农业生产越重视,因此,接受补偿而进行休耕的意愿越弱;当家庭收入越高时,农户对农业生产依赖性降低,更愿意接受补偿而进行休耕;当农户耕地经营面积越大,耕地质量越高,农业支出在家庭总支出的比重越大,说明农户对农业越重视,休耕对保护耕地质量有所帮助,因此农户愿意接受补偿而进行休耕;当农业收入对家庭收入的贡献率越大时,说明农业收入是农户的重要收入来源,休耕将直接影响其家庭总收入,因此,接受补偿而进行休耕的意愿越弱。

第十章　研究结论与政策建议

前面章节从理论与实证的角度对重庆地区农户耕地生态保护行为受偿意愿及影响因素进行了分析，本章在前文的基础上总结研究结论，并提出针对性的政策建议，以期提高重庆地区农户参与耕地生态保护行为的积极性，加大耕地生态保护力度，促进重庆地区耕地质量的提升，从而实现经济、农村资源与生态环境的协调发展，从本质上促进农民增收。

一、研究结论

本研究运用重庆地区的183户微观调查数据，采用统计研究的方法，探讨重庆地区农户耕地生态保护行为的受偿意愿的影响因素与作用机理，得出以下研究结论。

采用耕地生态保护行为的农户收入将高于采用传统农业生产方式的农户收入，但是农户并未意识到耕地生态保护政策会增加其收入或提高农产品产出单价，其对了解耕地生态保护政策以及周边农户采取耕地生态保护行为的现状具有被动性。因此，农户采取耕地生态保护行为的受偿意愿偏低且受偿金额高，相关政策的实施存在一定的难度，这需要政府通过组织培训和科技下乡等现场指导方式提供耕地生态保护技术服务，提高农户对耕地生态保护行为的认知水平。

在农户的个体特征变量中，农户的性别、年龄、受教育程度及兼业情况显著影响农户耕地生态保护行为的受偿意愿；家庭人口数、家庭有效劳动力占比、家庭年总收入和家庭年总支出等显著影响农户耕地生态保护行为的受偿意愿，且家庭年总收入与总支出2个变量对农户耕地生态保护的化肥减量施用行为、农药减量施用行为以及休耕行为具有同样的影响机制；耕地质量、耕地数量、家庭年农业支出占比和家庭年农业收入占比4个农户生产特征变量对农户接受补偿而采取耕地生态保护行为有显著影响；农户对测土配方施肥、防护林建设以及深翻地等认知特征变量，由于政府宣传缺失，普及率不高，对农户接受补偿而采取耕地生态保护行为有显著负影响。

二、政策建议

基于耕地生态保护与农户行为等理论，本研究运用理论和实证分析等方法对重庆地区农户耕地生态保护行为受偿意愿的影响因素与作用机理进行分析。首先，针对农户耕地生态保护的化肥、农药减量施用与休耕三项行为设计调查问卷，组织人员前往重庆市酉阳、黔江、奉节等区县的十余个村镇进行实地调研；然后，运用描述性统计分析，对样本地农户个体特征、家庭特征、生产特征以及认知特征进行描述统计分析，得出相关结论；其次，构建二元Logistic模型分别对农户耕地生态保护的化肥减量施用行为、农药减量施用行为以及休耕行为的受偿意愿进行回归分析，揭示了农户个体特征、家庭特征、生产特征和认知特征中的影响因素对农户采取耕地生态保护行为的受偿意愿的影响；最后，对提高农户参与耕地生态保护的积极性，加大农户对耕地生态保护的力度，提出如下政策建议，以期为各地区耕地生态保护政策的实施与发展提供参考。

（一）加大耕地保护宣传力度，提高农户参与度

政府充分发挥作用，加大对耕地生态保护的宣传力度，提高农户对耕地生态保护政策的理解与认知程度。充分发挥农业农村广播电视学校（农业农村远程教育网）、基层农技推广机构、农村科研机构等能够直接在农村进行农业科普的宣传推广作用；加强政府相关部门工作人员的耕地生态保护意识，由政府部门人员带头行动，深入基层，对农户进行耕地生态保护政策的宣传与普及，加快农户耕种模式观念的转变，增强农户在环境保护与资源节约方面的责任意识；鼓励与支持农户参加当地科研院所组织的专业协会，理论联系实际，在专业人士的带领下因地制宜，通过观摩交流与实地示范的方式，提高农户农业生产的专业性，建立与耕地生态保护相适宜的生产观，做到从根本上提高耕地生态保护行为中农户的参与度。

（二）建立产业示范区，助推耕地生态保护发展

多方面理论与实践论证，采用耕地生态保护行为的农户收入将高于采用传统农业生产方式的农户收入，但多数农户并未意识到推行耕地生态保护政策会增加其收入或提高

农产品产出单价,农户对了解耕地生态保护政策以及周边农户采取耕地生态保护行为的现状具有被动性。因此,可以采取建立耕地生态保护产业示范区,与当地科研机构进行合作的方式,从该地区选出一批受教育程度相对较高的农户,在相关科研人员的指导下在示范区内进行农业生产,从化肥减量施用、农药减量施用和休耕三个方面严格执行有利于耕地生态保护的生产方式,并将整个生产过程进行全面的记录,对示范区内耕地的质量进行实时观测。在完整的生产周期内,对比耕地生态保护生产方式与传统生产方式下农作物产出情况与耕地质量变化情况,农户通过亲身参与,直观体验耕地生态保护行为带来的经济、生态、社会效益,进一步认识到耕地保护的必要性与好处,提高参与的积极性。这种方式还可以在一定程度上降低农户对耕地生态保护行为补偿金额的预期。

(三)引进耕地生态保护技术,提高耕地生态保护效率

耕地生态保护政策的推行依赖于耕地生态保护技术的落地,可增加科技下乡次数以及农技部门下乡指导次数,提高农民对耕地生态保护政策的认知程度。相关农业科研机构还可有针对性地引进耕地生态保护技术。例如,为农户提供更优质的抗病虫的种子,增强作物的抗虫性,从根本上减少农药与化肥的施用量;针对重庆地区海拔较高、地形陡峭、崖多、坡密的特征,可引入更加便捷、低成本的农业生产机器,实现农业提质增效,提高农户对科学生产的认知度;增加农技部门下乡指导次数,通过最新的生产技术提高耕地生产率,有效提高农户收入,在不影响农户收入水平的前提下,实施科学休耕,让耕地“休养生息”。

(四)完善耕地保护配套政策,助推耕地生态保护发展

完善耕地生态保护法律体系,增强有关耕地生态保护法律法规的可执行性,在管理中做到有法可依,充分利用乡村电视、广播、标语等媒介对耕地生态保护进行宣传推广,提高耕地保护法律法规的普及率;建立耕地生态保护补偿机制专项配套资金,引进更多耕地生态保护相关技术人才,加大对耕地生态保护科研项目的支持力度,鼓励农村劳动人口留乡从事新型农业生产活动,减少农村荒置土地,充分利用农村剩余劳动力,提高农户收入水平,带动不发达农村地区的生产生活。

(五)搭建信息平台,落实耕地生态保护补偿工作

一方面,搭建农户与消费者之间信息互通的平台。在前期,由政府牵头宣传不施用化肥农药的无公害绿色蔬菜,提高消费者对无公害产品的认可度,让消费者愿意以更高的价格进行购买,实现农民增收。到后期,信息平台发展逐渐成熟完善,消费者和农户之间形成了良好的信息互通机制,政府应完善产品监管机制,以防止劣等产品混入其中。另一方面,搭建政府与农户之间信息互通的平台。完善耕地生态保护行为补偿机制,做到公开透

明，接受群众的监督；按照便民高效的原则，简化补偿支付流程，实现补贴资金快速、一次性到账，提高工作效率；落实耕地生态保护补偿工作，做到“六到户”，即政策宣传到户、清册编制到户、张榜公示到户、通知发放到户、补偿兑现到户、签字确认到户。

主要参考文献

[1]GARDNER D B.The Economics of Agricultural Land Preservation[J].American Journal of Agricultural Economics,1977,59(5):1027-1036.

[2]任玉鹏.河津市耕地生态补偿量化研究[D].太原:山西农业大学,2013.

[3]沈仁芳,陈美军,孔祥斌,等.耕地质量的概念和评价与管理对策[J].土壤学报,2012,49(6):1210-1217.

[4]杨丽霞.基于C-D函数和岭回归的粮食生产影响因素分析——以浙江省为例[J].地域研究与开发,2013,32(1):147-151.

[5]陈轼.土地利用规划布局中的生态用地保护红线与耕地保护红线划定研究——以广西贵港市区为例[D].南宁:广西师范学院,2016.

[6]贺晓英,李世平.美国农地保护方法及其借鉴[J].中国土地科学,2009,23(1):76-80.

[7]马爱慧.耕地生态补偿及空间效益转移研究[D].武汉:华中农业大学,2011.

[8]李安宁,李伟.国家是耕地保护的责任主体[J].国土资源情报,2011(12):28-30.

[9]李静,廖晓明.农村集体建设用地流转的动力机制——基于利益相关者角度分析[J].中国农业资源与区划,2017,38(3):65-72.

[10]黄征学.土地征用存在的问题及其对策思路[J].中国发展观察,2006(5):13-15.

[11]田春,李世平.近年来我国耕地生态保护与经济补偿初探[J].中国特色社会主义研究,2010(6):74-77.

[12]晓叶.耕保补偿机制的构建与效用——从中央〔2017〕4号文件看新时期耕保工作(四)[J].中国土地,2017(5):1.

[13]乔金杰,王维,王鸿.耕地保护补贴政策托底机制的现实考量与实现路径——基于70年政策文本和社会政策的视角[J].经济问题,2019(8):11-17.

[14]张凤荣.保护耕地须从提高农民种田积极性着手[J].中国土地,2006(10):23-24.

[15]陈美球，邓爱珍，周丙娟，等.资源禀赋对农户耕地保护意愿的实证分析[J].农村经济，2007(6)：28-31.

[16]任继伟.农户参与耕地保护的行为分析及程度评判[D].武汉：华中科技大学，2008.

[17]陈美球，洪土林，许兵杰.试析农户耕地保护的外部性[J].江西农业大学学报(社会科学版)，2010，9(1)：71-75.

[18]牛海鹏，许传阳，李明秋，等.耕地保护经济补偿的接受和给付主体分析——基于110份接受主体和445份给付主体的问卷调查[J].资源科学，2011，33(3)：513-520.

[19]王利敏，欧名豪.粮食主产区农户耕地保护现状及认知水平分析——基于全国10个粮食主产区1198户农户的问卷调查[J].干旱区资源与环境，2013，27(3)：14-19.

[20]周小平，席炎龙，钟玲.农户耕地保护意愿影响因素研究[J].地域研究与开发，2017，36(1)：164-169.

[21]郭芙梅，黎德川，廖铁军.我国耕地保护问题研究综述[J].安徽农业科学，2009，37(2)：765-767.

[22]车明亮，聂宜民，刘登民，等.区域耕地数量变化预测方法的对比研究[J].中国土地科学，2010，24(5)：13-18.

[23]岳云华，冉清红，孙传敏，等.我国耕地数量灰色预测分析与耕地保护[J].地理与地理信息科学，2010，26(6)：56-59.

[24]赵永，刘旭华，孙腾达.基于空间自回归模型的中国耕地面积变化预测[J].干旱区资源与环境，2013，27(8)：1-5.

[25]王霞，王占岐，金贵，等.基于核函数支持向量回归机的耕地面积预测[J].农业工程学报，2014，30(4)：204-211.

[26]罗亦泳，张豪，张立亭.基于自适应进化相关向量机的耕地面积预测模型[J].农业工程学报，2015，31(9)：257-264.

[27]王洪，刘伟铭.深度信任支持向量回归的耕地面积预测方法[J].郑州大学学报(理学版)，2016，48(1)：121-126.

[28]陈桂珅，张蕾娜，程锋，等.数量质量并重管理的耕地保护政策研究[J].中国土地科学，2009，23(12)：39-43.

[29]陈百明，李世顺.中国耕地数量下降之剖析：1986-1995年[J].地理科学进展，1998，17(3)：43-50.

[30]郭丽英，王道龙，王介勇.中国沿海地区耕地变化及其成因分析[J].中国农业资源与区划，2012，33(1)：6-10.

[31]赵晓丽,张增祥,汪潇,等.中国近30a耕地变化时空特征及其主要原因分析[J].农业工程学报,2014,30(3):1-11.

[32]郭贯成,吴群.经济体制障碍:我国耕地减少的根本原因[J].经济社会体制比较,2007(6):113-118.

[33]彭凌,丁恩俊,谢德体.中国耕地数量变化与耕地保护政策关系的实证分析[J].西南大学学报(自然科学版),2011,33(11):103-110.

[34]翟文侠,黄贤金.我国耕地保护政策运行效果分析[J].中国土地科学,2003,17(2):8-13.

[35]杨立,王博祺,韩锋.改革开放以来我国耕地保护绩效定量研究——基于数量保护的视角[J].农机化研究,2015,37(3):1-6.

[36]张全景,欧名豪.我国土地用途管制之耕地保护绩效的定量研究——以山东省为例[J].中国人口·资源与环境,2004,14(4):56-59.

[37]申俊鹏,秦明周.基于总量动态平衡的河南省耕地保护制度运行绩效分析[J].安徽农业科学,2008,36(11):4599-4602.

[38]谭术魁,张红霞.基于数量视角的耕地保护政策绩效评价[J].中国人口·资源与环境,2010,20(4):153-158.

[39]杜继丰,袁中友.数量视角的巨型城市区域耕地保护政策效果——以珠三角为例[J].国土资源科技管理,2013,30(5):96-102.

[40]陈百明.耕地与基本农田保护态势与对策[J].中国农业资源与区划,2004,25(5):1-4.

[41]柯新利,杨柏寒,丁璐,等.基于目标责任区际优化的耕地保护补偿[J].中国人口·资源与环境,2015,25(1):142-151.

[42]赵登辉,郭川.耕地定级与估价的新思路[J].中国土地科学,1997,11(6):36-39.

[43]李丹,刘友兆,李治国.耕地质量动态变化实证研究——以江苏省金坛市为例[J].中国国土资源经济,2004,17(6):22-25.

[44]陈印军,王晋臣,肖碧林,等.我国耕地质量变化态势分析[J].中国农业资源与区划,2011,32(2):1-5.

[45]杜国明,刘彦随,于凤荣,等.耕地质量观的演变与再认识[J].农业工程学报,2016,32(14):243-249.

[46]汤国安,杨昕.ArcGIS地理信息系统空间分析实验教程[M].北京:科学出版社,2006.

[47]农肖肖,何政伟,吴柏清.ARCGIS空间分析建模在耕地质量评价中的应用[J].水

土保持研究,2009,16(1):234-236.

[48]韦仕川,熊昌盛,栾乔林,等.基于耕地质量指数局部空间自相关的耕地保护分区[J].农业工程学报,2014,30(18):249-256.

[49]程锋,王洪波,郧文聚.中国耕地质量等级调查与评定[J].中国土地科学,2014,28(2):75-82.

[50]刘露,周生路,田兴,等.不同比例尺下耕地质量分等结果的差异及影响因素研究[J].自然资源学报,2016,31(4):629-638.

[51]吴大放,刘艳艳,董玉祥,等.我国耕地数量、质量与空间变化研究综述[J].热带地理,2010,30(2):108-113.

[52]姜广辉,张凤荣,秦静,等.北京山区农村居民点分布变化及其与环境的关系[J].农业工程学报,2006,22(11):85-92.

[53]张瑞娟,姜广辉,周丁扬,等.耕地整治质量潜力测算方法[J].农业工程学报,2013,29(14):238-244.

[54]高星,吴克宁,陈学砧,等.土地整治项目提升耕地质量可实现潜力测算[J].农业工程学报,2016,32(16):233-240.

[55]司朝霞,张合兵,陈宁丽.基于变异系数法的河南省耕地可持续利用评价[J].湖北农业科学,2015,54(8):2028-2031.

[56]舒帮荣,刘友兆,陆效平,等.能值分析理论在耕地可持续利用评价中的应用研究——以南京市为例[J].自然资源学报,2008,23(5):876-885.

[57]倪广亚,刘学录.基于能值分析的甘肃省耕地可持续利用时空分异研究[J].西北农林科技大学学报(自然科学版),2015,43(2):149-158.

[58]童悦,毛传澡,严力蛟.基于能值-生态足迹改进模型的浙江省耕地可持续利用研究[J].生态与农村环境学报,2015,31(5):664-670.

[59]任远辉,郭雯,陈伟强,等.基于"压力-状态-响应"模型的河南省耕地资源可持续性研究[J].中国农学通报,2016,32(16):117-122.

[60]王洪波,程锋,张中帆,等.中国耕地等别分异特性及其对耕地保护的影响[J].农业工程学报,2011,27(11):1-8.

[61]钟秀明,武雪萍.我国农田污染与农产品质量安全现状、问题及对策[J].中国农业资源与区划,2007,28(5):27-32.

[62]余振国,胡小平.我国粮食安全与耕地的数量和质量关系研究[J].地理与地理信息科学,2003,19(3):45-49.

附录:调查问卷

您好！这是一份学术研究问卷,主要探讨目前耕地生态保护的基本情况。本问卷中,您所填写的内容,纯作学术研究之用,绝不公开,请放心。本问卷的答题并无对错之分,依您本人实际情况作答即可。如果没有特别注明,请在相应的选项前打"√"或在(　　)内填写。您的宝贵意见将为研究作出巨大贡献。衷心感谢您的热心帮助,祝您生活愉快！

调查地点:　　　省　　　区(县)　　　乡(镇)　　　村

调查员:　　　调查时间:　　　年　　月　　日

一、农户家庭及土地生产经营情况

1.您的性别为(　　)。

①男　　②女

2.您的年龄是(　　)岁。

3.您的受教育程度是(　　)。

①文盲　②小学及以下　③初中　④高中/技校/中专　⑤大专　⑥本科　⑦研究生及以上

4.您的职业是(　　)。

①务农　②外出务工　③村干部　④教师/科技人员　⑤个体户　⑥企业家　⑦其他

5.您家总共有(　　)人,务农劳动力有(　　)人。

6.家庭成员身体健康状况(　　),平均年医疗费用(　　)元。

①较差　②一般　③较好

7.您最关心的环境污染问题是(　　)。

①空气污染　②水污染　③耕地污染　④噪声污染

8.您认为施用农药、化肥等化学剂对生态环境的影响程度（　　）。

①很大　②较大　③一般　④较小　⑤很小

9.您家土地经营情况：（其中耕地质量填数字1~3，1代表较差，2代表一般，3代表优质）

土地情况	合计	耕地/亩	
		水田	旱地
土地面积			
其中：转包地			
耕地总体质量			

10.您家庭年总收入（　　）元，其中农业收入占全家总收入的比例为（　　）%。

11.其中收入明细为：

收入来源		总金额/元
种植收入	总计	
	粮食作物	
	经济作物	
务工收入	总计	
国家补贴	总计	
财政性收入	总计	
	土地转包收入	
	房屋租赁收入	

12.您家去年总支出（　　）元，其中农业生产费用支出占家庭总支出的比例为（　　）%。

13.各作物要素投入产出统计

种类	种植面积/亩	总投入/元	总产出/元	出售的产量比重/%	毛收入/元	化肥施用量/元	农家肥施用量/元	农药施用量/元	薄膜使用量/元
水稻									
玉米									
小麦									
豆类									
油菜									
花生									
蔬菜									
其他									

二、农户对耕地生态保护认知及投入情况

14.您认为谁应该为耕地质量保护负主要责任(　　)。

①中央政府　②地方政府　③村民委员会　④农户　⑤其他人

15.您认为耕地生态保护(　　)。

①很重要　②一般　③无所谓

16.您认为耕地生态保护工作(　　)。

①迫在眉睫　②很重要　③没必要　④无所谓或者没考虑这个事情

17.您是否了解以下耕地保护措施,以及您家的具体投入金额情况?

措施	认知情况		投入/元	措施	认知情况		投入/元
	是	否			是	否	
整修渠道				耕地防护林建设			
土地平整				滴灌等节水措施			
地膜回收				盐碱化治理			
休耕				测土配方施肥			
施用农家肥				深翻地			

请按赞同程度在①、②、③、④、⑤中选一项打“√”。

①完全不赞同	②比较不赞同	③中立	④比较赞同	⑤完全赞同
18.您认为自己的耕地生产经营行为对生态环境有作用或影响。				
19.您认为有必要因为保护生态环境和食品安全而限制和规范农户相关的生产行为。				
20.您认为采用政府推荐的有机农药或无公害农药有益于人的身体健康。				
21.您认为种植绿肥和秸秆还田有利于防止水土流失和风沙侵蚀。				
22.您认为病虫害综合治理可以保护耕地生态环境。				
23.您认为地膜大、小块都回收,有利于保护耕地生态环境。				

续表

①完全不赞同	②比较不赞同	③中立	④比较赞同	⑤完全赞同
24.您认为施用农药、化肥等化学剂对耕地生态环境的影响很大。				

三、农户受偿金额意愿

请按受偿意愿在①、②、③、④、⑤、⑥、⑦、⑧中选一项打“√”,单位为元。

①150以内	②151~300	③301~450	④451~600	⑤601~800	⑥801~1 000	⑦1 001~1 500	⑧1 501~2 000
25.假定给予您(　　)元/亩·年的补贴,您在耕地生产中化肥施用量可在现有基础上减少50%?							
26.假定给予您(　　)元/亩·年的补贴,您在耕地生产中农药施用量可在现有基础上减少50%?							
27.假定给予您(　　)元/亩·年的补贴,您在耕地生产中不施用化肥?							
28.假定给予您(　　)元/亩·年的补贴,您在耕地生产中不施用农药?							
29.假定给予您(　　)元/亩·年的补贴,您在耕地生产中化肥、农药施用量都在现有基础上减少50%?							
30.假定给予您(　　)元/亩·年的补贴,您在耕地生产中不施用农药,化肥施用量可在现有基础上减少50%?							
31.假定给予您(　　)元/亩·年的补贴,您在耕地生产中不施用化肥,农药施用量可在现有基础上减少50%?							
32.假定给予您(　　)元/亩·年的补贴,您在耕地生产中均不施用农药、化肥?							
33.假定给予您(　　)元/亩·年的补贴,您在耕地生产中愿意将现有耕地每隔一年休耕一次?							

本调查到此为止,再次感谢您!